Was uns bewegt

Anthologie

des Mühlhäuser Autorenkreises

2017

Bibliografische Information der Deutschen Nationalbibliothek: Die Deutsche Nationalbibliothek verzeichnet diese Publikation in der Deutschen Nationalbibliografie; detaillierte bibliografische Daten sind im Internet über www.dnb.de abrufbar.

Impressum
Titel: Was uns bewegt
von Mühlhäuser Autorenkreis
Preis 7,99 Euro
1. Auflage
Copyright: © 2017 Mühlhäuser Autorenkreis
Texte: Yvonne Bauer, Christiane Erdmann, Elke Felke, Heinz-Georg Günther, Tino Käsemann, Heinz Knaust, Anneliese Ludwig, Katharina Sommer-Brommer, Ronny Thon, Elisabeth Weber
Coverdesign: © 2017 Yvonne Bauer
Bildmaterial: © Copyright by Dina - Fotolia.com #172920516 - Spilled ink flying above inkwell in a spiraling splash with tiny drops and flying pen on a light background. Still life
Herstellung und Verlag: BoD – Books on Demand, Norderstedt
ISBN: 978-3-7460-1782-2

Vorwort

Einer langjährigen Tradition folgend ist es den Mitgliedern des Mühlhäuser Autorenkreises eine große Freude, die diesjährige Anthologie zu veröffentlichen, um Ihnen, liebe Leserinnen und Leser einen kleinen Einblick in die schöpferische Tätigkeit der Autoren zu gewähren.

Bereits 1959 gründete sich der »Zirkel schreibender Arbeiter«. Acht Jahre später wurde dem Zirkel der Name »Louis Fürnberg« von der Witwe des großen deutschen Dichters zuerkannt. Die Gemeinschaft ist seit ihrer Gründung fester Bestandteil des Mühlhäuser Kulturbundes e.V.

Der Autorenkreis ist bunt zusammengewürfelt aus Mitgliedern verschiedenster Alters- und Berufsgruppen. Das gibt der gemeinsamen Arbeit die besondere Würze. Wir sind keine Profis. Jeder Autor hat seinen eigenen Stil. Dennoch verbindet uns alle die Liebe zum Schreiben.

Lassen Sie sich auf den folgenden Seiten in die Gedankenwelt der Autoren entführen.

Ihre Autoren des Mühlhäuser Autorenkreises

Mühlhausen, im November 2017

Inhaltsverzeichnis

Elisabeth Weber

 Elisabeth Weber wurde 1951 in Heyerode geboren und ist dort aufgewachsen.

Nach dem Erwerb der Mittleren Reife studierte sie von 1967 bis 1971 am Institut für Lehrerbildung in Nordhausen und erwarb den Abschluss als Grundschullehrerin.

In diesem Beruf arbeitete sie 40 Jahre, zuletzt an der Grundschule Forstberg in Mühlhausen.

Seit 1998 lebt sie in Eigenrieden.

Im Autorenkreis arbeitet sie seit Ende 2016 mit.

Sie nahm an verschiedenen literarischen Wettbewerben teil und fand Anerkennung mit Veröffentlichungen in Zeitungen und in einer Anthologie mit Gedichten und Kurzgeschichten.

Bisherige Veröffentlichungen:

Die kleine Paula – Geschichten und Gedichte von Begegnungen mit Menschen und anderen Wegbegleitern

Mein erstes Mal

Ich muss damals etwa 8 Jahre alt gewesen sein, so ganz genau weiß ich es gar nicht mehr. Auf jeden Fall machte ich meine erste große Reise in die weite Welt – nach Leipzig, um es genau zu sagen. Bis dahin war ich nicht über die Grenzen meines Heimatortes, beziehungsweise die der nahegelegenen Kreisstadt hinausgekommen. Urlaubsreisen – so etwas gab es in meiner Kindheit in den 50 ziger Jahren nicht.

Deshalb war ich umso glücklicher, dass mich meine Schwägerin, die Frau meines ältesten Bruders, mit zu ihren Großeltern nach Leipzig nahm. Schon die Fahrt dorthin, die Zugstrecke, führte durch das schöne Saaletal an alten Burgen und Schlössern vorbei, versetzte mich in freudige Aufregung, so dass ich mit meiner Begeisterung sämtliche Fahrgäste im Zugabteil amüsierte.

In Leipzig angekommen, nahmen wir Quartier in der Heimteichstraße bei Familie Weile, den Großeltern meiner Schwägerin Bärbel. Für mich als Dorfkind war es sehr ungewöhnlich, dass die Großeltern ein ganzes Stück von ihrer Wohnung entfernt noch einen Schrebergarten hatten, in dem sie fast täglich wirkten.

Bevor es aber in den Garten ging, zeigte mir Bärbel erst einmal Leipzig von seinen schönsten Seiten.

Wir besichtigten also das Völkerschlachtdenkmal, besuchten den Zoo und den Hauptbahnhof. Ich war glücklich, so viel sehen und erleben zu dürfen, und sog alle Eindrücke wie ein Schwamm auf.

In den Schrebergarten zu fahren, gestaltete sich auch als kleines Abenteuer, denn meine Schwägerin setzte mich auf die Stange eines alten Herrenfahrrads, und so fuhren wir zwar verkehrswidrig, aber in Ermangelung eines anderen fahrbaren Untersatzes, relativ flott in das kleine Gartenparadies.

Natürlich diente dieser Garten nicht nur der Erholung, sondern in erster Linie zum Anbau von Obst und Gemüse, damit die Versorgung mit frischen Produkten auch in der Großstadt gesichert war. Es wurde alles verarbeitet, was der Garten so hergab, unter anderem stellten die Großeltern aus dem reichlich vorhandenen Obst auch selbst Wein her.

Und dieser selbstgemachte Wein, sollte mir zum Verhängnis werden.

Eines Abends, man saß nach einem anstrengenden Gartentag gemütlich beisammen, gab es genau diesen selbstgemachten Obstwein zu trinken. Eigentlich tranken nur die Erwachsenen, aber auch ich wollte diesen Wein unbedingt einmal probieren.

Auf meine Bitte hin, gab man mir ein kleines Gläschen zu trinken. Ich kostete den Wein und musste mich förmlich schütteln: Brr, schmeckte der aber sauer! Doch schon stand die Zuckerdose auf dem Tisch und mein Wein wurde mir mit reichlich Zucker „versüßt".

Oh weh, das Unheil nahm seinen Lauf. Nachdem ich den gezuckerten Wein getrunken hatte, wurde mir auf einmal ganz seltsam zu Mute, und als ich aufstehen wollte, gehorchten mir meine Beine nicht mehr, und ich fiel um. Ich war schlicht und ergreifend besoffen! Nun war die Aufregung groß. Was sollte man tun?

Also trug man mich in mein Bett, wo ich ohne weitere Komplikationen die ganze Nacht meinen Rausch ausschlief und am nächsten Morgen auch ganz ohne Kater aufwachte. Meine Schwägerin hat mir im Nachhinein oft genug versichert, dass sie und die gesamte Familie sich große Sorgen um mich gemacht hätten und, dass sie das schlechte Gewissen plagte, an meinem Zustand schuld gewesen zu sein. Man stelle sich doch nur einmal vor, ein achtjähriges Kind und total betrunken!

Fortan verzichtete ich darauf, alkoholische Getränke auch nur zu probieren. Erst viel, viel später, ich studierte mittlerweile, war es selbstgemachter Stachelbeerwein, der seine berauschende Wirkung entfaltete. Aber das ist eine andere Geschichte.

Fasziniert

Die ganze Zeit hatte er mit dem Smartphon gespielt, ausdauernd, ohne seine Umwelt wahrzunehmen. Aber plötzlich wird er von irgendetwas abgelenkt und er unterbricht sein Spiel. Er legt das Gerät aus der Hand und schaut sich suchend um.

Sein Blick schweift durch den Raum, in dem sich etliche Menschen aufhalten. Da entdeckt er sie: Eine junge Dame, mit glatter, rosiger Haut, völlig ungeschminkt, aber gerade deshalb umso liebreizender.

Vorsichtig nähert er sich ihr. Sie lacht ihn an, ihre großen blauen Augen leuchten. Er lächelt schüchtern zurück, ist sich nicht sicher, ob sie ihn tatsächlich meint. Doch ihre Reaktion ist eindeutig: Unbefangen strahlt sie ihn an, flirtet geradezu mit ihm.

Er ist fasziniert, förmlich gefangen von ihrem Blick, ihrer Ausstrahlung. Und erst dieser Duft, der sie umgibt. Je näher er ihr kommt, umso intensiver nimmt er ihn wahr. Zärtlich streichelt er ihre Wange, sie lässt es geschehen. Er streckt ihr seine Hand entgegen, sie nimmt sie und umklammert sie ganz fest.

„Charlotte mag dich, das spüre ich ganz deutlich", sagt eine Frau leise zu dem Jungen.

„Wie alt ist die Kleine eigentlich?", will jemand wissen.

„8 Monate", antwortet ihre Mutter voller Stolz in der Stimme und nimmt das Baby auf den Arm. „Sag mal Ole, wie alt bist du eigentlich?", fragt sie den Jungen.

„Ich werde bald neun, am 2. März habe ich Geburtstag." Auch in seiner Stimme liegt ein bisschen Stolz.

„Du wärst auf jeden Fall ein toller großer Bruder für Charlotte!"

Haarige Erinnerungen

Kürzlich, beim Aufräumen, fiel er mir mal wieder in die Hände. Lange, sehr lange hatte ich ihn nicht mehr gesehen, obwohl wir doch früher so eng beieinander gewesen waren.

In der hintersten Ecke einer Schublade fristet er sein dunkles Dasein. Eingehüllt in weißes Seidenpapier verbringt er seine Zeit. Jeden Umzug hat er mitgemacht, jede Mode überstanden. Seit über 50 Jahren kann ich mich nicht von ihm trennen.

Warum eigentlich? Was hat er, dass ich ihn einfach nicht wegwerfen kann?

Aber jetzt bin ich fest entschlossen! Ich fasse mir ein Herz und werde ihn endlich entsorgen: Meinen Pferdeschwanz – ein brauner Haarschopf, gebunden mit einer roten Schleife! Ich betrachte ihn noch einmal ausgiebig von allen Seiten, fühle das weiche Haar zwischen meinen Fingern, atme seinen Duft und – wickle ihn ganz langsam wieder ein, in eben dieses Seidenpapier, das schon etwas vergilbt und brüchig geworden ist in all den Jahren. Das Papier könntest du eigentlich mal erneuern, denke ich noch. Dann wandert das gute Stück samt meinen Erinnerungen - wieder in die Schublade.

Hilfeschrei

Die Sommersonne brennt.
Schweiß rinnt über meine Stirn.
Lichtblitze zucken,
ein grelles Feuerwerk blendet meine Augen.
Gewitter in meinem Kopf.
Verzweiflung macht sich breit und staut sich hinter
meinen Schläfen.
Aus der Ferne quält mich das Tatütata der Feuerwehr.
Wer löscht den Brand in meinem Kopf?
Wann werde ich befreit von dieser Qual?
Wann macht meine Migräne endlich Urlaub??

Januartag in Eigenrieden

Wintersonne über schneebedecktem Land,
der Himmel blau, ohne jeglichen Kratzer.
Gespurte Loipe quer über die Wiese,
noch unberührt und makellos.

Skiläufer ziehen ihre Bahnen,
gleiten gleichmäßig in der Spur.
Lautlos bewegen sich ihre Körper,
Arme pendeln auf und ab.

Ich stehe am Fenster, sehe ihnen nach,
lass' ruhig sie ihre Bahnen zieh'n.
Umgeben von der Wärme meiner Stube,
genieß ich Bratapfelduft, spüre Winterglück.

Oktober am Rande des Hainichs

Kraniche ziehen wie jedes Jahr,
ihr Rufen lockt mich,
zwingt meinen Blick in den Himmel.
Aus scheinbarem Chaos
formiert sich die geordnete Schar,
folgt unbeirrt der Route in den Süden.
Oktobersonne wirft schon lange Schatten,
schenkt mir eine Gnadenfrist.
Sehnsucht nach Wärme
verleiht mir irgendwann Flügel.
Ich folge dem Vogelzug in die Ferne.

Ein Stein erzählt

Ja, irgendwann in der Steinzeit geriet ich in das Meer, genauer gesagt in das Mittelmeer. Dort lag ich viele tausend Jahre lang, und ich muss sagen, ich fühlte mich steinwohl.

Ja und dann, nach dem ich so lange im Meer gelegen hatte, wo Fische, Krebse, Quallen und anderes Getier meine besten Freunde waren, warf mich eines Tages eine große Welle an den Strand.

Dort lag ich nun mit meinen Brüdern, Schwestern, Onkeln, Tanten, Vettern und Basen, eben mit der ganzen buckligen oder besser - steinigen Verwandtschaft.

Die Sonne brannte auf mich herab und mir wurde tüchtig warm ums Herz, ja, ihr habt richtig gehört, auch so ein Stein hat ein Herz. Wenn ich ehrlich bin, am liebsten wäre ich wieder auf des Meeres Grund gewesen. Da war es immer so gemütlich.

Aber ehe ich so richtig in Traurigkeit versinken konnte, wurde ich plötzlich aufgehoben. Jemand betrachtete mich gründlich von allen Seiten, betastete mich ausgiebig (Huch, war das kitzlig!), und ehe ich mich versah, wurde ich in eine dunkle Tasche gesteckt. Ach, war das gruselig!

Zum Glück traf ich aber dort wieder auf Verwandte, die mir alle unheimlich ähnlichsahen. Jetzt war mir die steinige Verwandtschaft schon ganz recht, denn ich bin nicht gern allein. Ich weiß auch nicht, wie lange wir so zusammen auf engem Raum zubrachten, jedenfalls vertrieben wir uns die Zeit, indem wir uns Geschichten aus der Steinzeit erzählten. Dabei ging es recht lustig zu.

Ja und dann? Dann erblickte ich wieder das Tageslicht und lag auf einem Tisch in einem Zimmer. Jemand nahm mich in die Hand, betrachtete mich erneut und sagte: „Der ist ja ziemlich mickrig!".

War ich etwa damit gemeint? Und wieso war ich „mickrig"? Aber ehe ich darüber weiter nachgrübeln konnte, wurde ich mit Farben angemalt: Rot, schwarz, weiß. Wie sah ich denn jetzt aus?

„Oh, sind das aber schöne Käfer!", hörte ich dann jemanden rufen. Und tatsächlich: Ich war ein steinerner Marienkäfer geworden.

Ich bin zwar nicht steinreich, aber sehr glücklich, jetzt hier bei euch zu sein. Und sagt mal ehrlich: Bin ich nicht ein hübscher Bursche?

Krüger – Euphorie (ein Reisebericht)

Unsere Reisegruppe war sehr früh am Morgen aufgebrochen, bereits gegen 5.00 Uhr traf man sich zu einem kargen Frühstück in der Hotellobby. Rudi, der Reiseleiter mit holländischen Wurzeln, hatte jeden Gast persönlich mit einem zwiebackähnlichen Brot versorgt, das so hart war, dass man sich beim Essen fast die Zähne ausbrach. Aber Rudi wurde nicht müde, immer wieder zu erklären, dass es durchaus erlaubt war, das Gebäck „einzutunken", aber ihm fehlte die passende Vokabel, so dass er demonstrierte, wie man es essen musste. Er betonte, dass es vor jeder Safari Brauch sei, sich mit diesem Zwieback zu stärken. Erst später würde ein richtiges Frühstück eingenommen werden, später, das hieß, bei unserer ersten Rast im Krüger – Nationalpark.

Der „Krüger liegt im Nordosten Südafrikas direkt an der Grenze zu Mozambique und ist wohl der bekannteste Nationalpark auf dem schwarzen Kontinent.

Es dämmerte, als wir mit unserem Bus losfuhren. Spannung lag in der Luft, je näher wir dem Park kamen. Die Sonne ging gerade auf, als wir das Eingangstor erreichten, und tauchte die Landschaft in ein mildes Licht.

Die Aufregung stieg noch, als wir die lange Schlange mit Jeeps sahen, die bereits vor dem Tor wartete. Aber unser Rudi wusste genau, warum wir uns so früh auf den Weg gemacht hatten: Wir waren die ersten

Touristen, die an diesem Morgen die wartenden Jeeps besteigen konnten.

Und schon begann das größte Abenteuer unserer Südafrikareise. Auf asphaltierten Wegen, aber auch über kilometerlange Sandpisten, führte unsere Fahrt quer durch die afrikanische Savanne.

Genau vor mir saß unsere Fahrerin Janett, und ich betrachtete immer wieder ihren kunstvoll geflochtenen Haarknoten aus dicken, pechschwarzen Haaren. Erst war ich ja ein bisschen skeptisch gewesen, dass ausgerechnet unser offener Geländewagen von einer Frau gelenkt wurde, aber schnell musste ich mir eingestehen, dass Janett sehr versiert fuhr und den männlichen Guides in keinster Weise nachstand.

Es dauerte auch gar nicht lange und wir konnten die ersten Tiere beobachten: Eine riesige Herde Büffel graste friedlich ganz in der Nähe, so dass man sogar ihr Schnauben hören konnte. Allerdings stand auch den Tieren nur ein karges Frühstück zur Verfügung, denn die Savanne präsentierte sich staubtrocken und verbrannt, es hatte wochenlang keinen Tropfen geregnet.

Auch die hübschen Impalas, eine Antilopenart, waren unaufhörlich auf Futtersuche, so dass sie ständig unsere Wege kreuzten.

Unser Ziel war es natürlich, den sogenannten „Big Five" zu begegnen. Diese Begegnung ließ zu unserem großen Glück auch nicht lange auf sich warten: Der König der Tiere, der Löwe, lag völlig entspannt in der Mitte eines Autopulks auf der Straße und ließ das

Klicken der Fotoapparate und Handys über sich ergehen. Ich war so beeindruckt, dass mir die Kinnlade runter klappte und ich mit offenem Mund nur noch staunen konnte. Umso mehr, als ich dann sah, dass sich der Löwe erhob und ganz gemächlich losmarschierte und ihm ein zweiter, oder war es eine zweite? folgte.

Unter den Mitfahrern im Jeep machte sich Euphorie breit, als wir nur kurze Zeit später auch noch einen Leoparden beobachten konnten, der sich allerdings sehr gut unter einem Felsvorsprung getarnt hatte. Wir entdeckten ihn aber mit Janetts Hilfe und einem Teleobjektiv doch und konnten ihn auch fotografieren. Reiseleiter Rudi, der mit in unserem Jeep fuhr, meinte nur: „Ihr wisst gar nicht, was ihr für Glückspilze seid, dass ihr innerhalb der ersten Stunde eures Aufenthalts hier im „Krüger" schon drei der „Big Five" gesehen habt."

Und das Glück blieb uns treu. Noch bevor wir zum Frühstück in eine Lodge fuhren, entdeckten wir in einem ausgetrockneten Flussbett ein Nashorn. Es war wie alle Tiere auf Futtersuche und ließ sich dabei nicht stören, wie überhaupt alle Tiere keinerlei Notiz von uns nahmen. Ob es die im Passgang daher schreitenden Giraffen waren, oder auch Horden von Affen, wir schienen in unseren Jeeps für die Tiere nicht zu existieren.

Beim Treffpunkt zum Frühstück erzählten die Mitglieder unserer Reisegruppe lebhaft über ihre Erlebnisse, die Begeisterung war deutlich zu spüren. Alle waren auch gespannt, ob es tatsächlich dazu kommen würde, alle fünf Tierarten also Elefant, Büffel, Löwe, Nashorn und Leopard zu Gesicht zu bekommen. Uns fehlte nur noch der Elefant, und wir waren sehr optimistisch, dass dieses beeindruckende Tier unseren Besuch komplett machen würde, lagen doch überall am Wegesrand und im Busch die Hinterlassenschaften der Dickhäuter. Außerdem wusste unsere Janett sehr genau, wo sie mit uns hinfahren musste, um tatsächlich Elefanten zu sehen. An einem Flussufer entdeckten wir sie dann auch: Eine große Elefantenherde! Alte und junge Tiere waren gemeinsam unterwegs und hatten endlich eine Wasserstelle gefunden, an der sie sich labten. Wir konnten nicht genug davon bekommen, diese herrlichen Tiere in der freien Wildbahn zu beobachten, und trennten uns nur schwer von unserem günstigen Beobachtungsposten.

Aber auch der schönste Ausflug geht einmal zu Ende. Als dann auch noch ein Warzenschwein so nah an unserem parkenden Auto vorbeilief, dass man seine langen Wimpern erkennen konnte, fiel der Abschied doppelt schwer. Bis dahin hatte ich immer gehört, dass ein Warzenschwein so hässlich sei, dass es nur seine Mutter lieben könnte. Weit gefehlt, auch ein Warzenschwein ist ein ganz reizendes Tier, ich habe es mit eigenen Augen gesehen!

Am Abend dieses aufregenden Tages, wir waren längst wieder in unserem Hotel und ließen den wundervollen Tag bei einem Glas Wein ausklingen, überraschte uns ein starkes Gewitter mit Blitz und Donner, mit Regen und sogar Hagel. Aber noch nie habe ich mich über einen Regenguss so gefreut! Inständig hoffte ich, dass dieser Regen auch die Tiere im Nationalpark erreicht hat, dass das Grün wieder sprießen würde und alle Tiere wieder genug Futter hätten.

September am Schwarzen Meer

Der Sommer ist müde geworden von all dem Rummel,
die Sonne tritt kürzer, legt Pausen ein.
Milde Wärme statt brennender Hitze,
erste Nebel streifen am Morgen das Land.
Das Meer lockt noch immer zum Baden aufgeheizt,
aufgeheizt von des Sommers Glut.
Geschenkte Zeit, die langsamer vergeht,
Ruhe kehrt nun ein.
Leise schleicht sich Wehmut an den Strand,
der erste Sturm schreibt „Herbst" in den Sand.

Ronny Thon

Ronny Thon wurde 1989 in Mühlhausen geboren. 2010 schloss er erfolgreich sein Abitur ab. Danach absolvierte er ein Freiwilliges Soziales Jahr in einem Altenpflegeheim und begann dort eine Ausbildung zum Altenpfleger. 2015 beendete er diese erfolgreich. In diesem Jahr schloss er sich auch dem Autorenkreis „Louis Fürnberg" an.
Er liest gern Comics und historische Sachbücher, interessiert sich leidenschaftlich für Film und Sport und schreibt am liebsten zum Nachdenken anregende Kurzgeschichten und Gedichte.
Seit 2017 studiert er Literaturwissenschaften und Geschichte in Erfurt.

Phantom

Er war ein Fremder und würde es stets bleiben, dachte er sich, als er den Geruch kalten Nudelsalats entnahm. Eine illegale Lesung. Dort hatte man ihn hingeschickt. Nicht von einem Geheimdienst, mit denen hatte er nichts am Hut, er kannte Agenten nur aus Filmen. Und sicher hatten diese mit Echten nur sehr geringe Ähnlichkeiten. Nein, er war kein richtiger Spion, die Behörde für Kulturschutz hatte ihn an diesem Ort versandt. An diesem Ort, einer geräumigen Wohnung eines Literaturprofessors, hatte sich eine beachtliche Anzahl der kreativsten Köpfe dieses so isolierten Landes versammelt. Dürfte man ihre Werke weltweit lesen, so manch ein Mensch würde sich ein Bild machen können von den Dingen, die hier passieren. Für ihn war es eine fremde Welt. Den Sinn von Kunst hatte er nie wirklich begreifen können. Wenn man ihm sagte, dieses Bild sei schön und dieses Gedicht sei berührend, dann war es halt so. Stets würde er es abnicken. Vielleicht wollte er deshalb für diese Behörde arbeiten. Damit man ihm sagt, was gut sei und was nicht.

Eine Frau mit intensiven Augen las gerade aus einem Gedicht vor. Er verstand die Worte, aber nicht deren Bedeutung. Wie ein Maler sein Modell, versuchte er sich alles von ihr einzuprägen. Diese Augen faszinierten ihn. Verletzlich wie Glas schimmerten sie traurig, wenn sie mal von ihrem schützenden Blatt Papier aufsah. Ganz kurz erfasste sie ihn. Als sie fertig war, applaudierte man ihr. Dann wurde amerikanische Musik der Schwarzen gehört.

Er erfasste Töne, die er als schön empfand. Aber seine Meinung zählte nicht. Existierte sie gar? Schon gar nicht an so einem Ort. Ein kleiner Mann mit indischen Zügen trat an ihm heran und versuchte sich in Small talk. Er brachte es sobald hinter sich, und der Mann entschwand seines Blickes.

Wieder suchte er ihre Augen. Sie sprach gerade mit einem Mann mit einer fast grotesk wirkenden Nase im Gesicht, dessen Rückenfront einen ebenfalls rigoros zur Schau gestellten Pferdeschwanz enthüllte. Dieser erzählte etwas, sie lachte erfrischt. Ihre weißen Zähne blitzten ihn förmlich an. Instinktiv spürte er, dass sie ihn hassen würde, wären sie miteinander bekannt gewesen. Diese Erkenntnis, wie unsicher sie auch sein möge, schmerzte ihn.

Ein kugelrunder Mann mit dicken Augenbrauen las eine Kurzgeschichte über Auberginen und vergewaltigte Mädchen vor. Dass er nur zum Zuhören verdammt war, ärgerte ihn nur wenig. Egal was er hier sagen würde, es wäre eh ohne Belang. Hier war er nur ein Außenseiter. Noch nicht einmal verhaften lassen könnte er sie, er müsste dafür die Polizei alarmieren. Aber das soll er ja auch gar nicht. So lauschte er weiter und hörte sich noch etliche Ergüsse von Studenten, Dissidenten und Möchtegernkünstlern an.

Der Nudelsalat schmeckte ihm. Dazu trank er eine gelbe Limonade, die angenehm seine Kehle kribbeln ließ. Er kratzte seine Haut unter seiner Armbanduhr, die nervös juckte. So richtig wusste er nicht, was er von der ganzen Sache halten sollte. Und plötzlich stand das Paar Augen vor ihm. Er berührte ihre warme Hand, so geschmeidig wie ein fester Tritt in den Magen. Sein Mund wurde trocken, als sie sprach. Schüchtern nickte er zum Gesagten, blickte mal nach rechts, mal nach unten, mal ins Nichts. Sie bemerkte sein Unbehagen und wollte ihn in Ruhe lassen. Doch er packte ihr Handgelenk. Tief blickte er in ihre Augen und hätte so viel zu sagen gehabt. Dass es ihm leidtäte, sie alle für eine seelenlose Organisation zu beobachten, dass ihm ihr Gedicht gefallen hatte, er nur zu gern von ihr die Bedeutung der Worte erfahren hätte. Und dass es ihm egal war, dass sie schwarz war, etwas Verbotenes tat und ihn wohl auch hassen würde, wenn sie erfuhr, für wen er arbeite. Doch er sagte all dies nicht. Es verstummte in ihm selbst, verkam zur Lüge eines armen, einsamen Mannes.

Die Frau wollte wissen, was los sei, Panik kam in ihr auf.

Er ließ die Hand los, entschuldigte sich und schämte sich so tief wie möglich. Dann erschien hinter ihr ein großer Mann, so schwarz wie Ebenholz. Zärtlich und besorgt streifte dieser über ihre Schultern und erkundigte sich nach ihrem Wohlbefinden.

Er, so weiß wie Schinkenspeck, drehte sich schnell um und ging. So schritt er wieder als Fremder hinaus in eine Welt, die er genauso wenig verstand wie die, die er nun hinter sich ließ.

Tabu

„Geschlechtsverkehr ist nicht gut", erfüllte die tiefe Stimme des Professors den großen Raum, anfüllt mit gut dreißig jungen Studenten, die angestrengt zuhörten und doch lieber woanders gewesen wären. „Vor allem Verkehr in bewegten Bildern. Die Aufgabe jedes zukünftigen Mitarbeiters im Kulturschutzministerium besteht darin, stets…"

Henrik konnte nicht mehr dieser penetranten Stimme lauschen, der wahrscheinlich selbst ein bisschen „bewegter Verkehr" geholfen hätte. Etwas war in seinem Block gekritzelt. Er muss es wohl selbst geschrieben haben. Genauso gut hätte er auch kleine Schweinchen zeichnen können. Hätte genauso viel mit dieser Behörde zu tun. Der Bleistift fühlte sich leicht in seiner Hand an. Wie hatte er einst so leidenschaftlich geschrieben. Gedichte, Kurzgeschichten. Etwas, das berührte. Und jetzt ließ er sich zu einem emotionslosen Roboter umprogrammieren.

„Akt der Barbarei, jedes Mal, wenn sich Mann und Frau auf der Leinwand berühren. Was für ein Vorbild für kleine Kinder!"

Warum hatte er sich nur überreden lassen, hätte er seinen Vater nicht mehr Widerstand leisten können? Aber die Würfel waren gefallen. Jetzt studierte er „Kulturpolitik" und wird eines Tages einer unter vielen Mitarbeitern der Kulturschutzbehörde sein. Mühsam versuchte er sein müdes Kinn auf seiner Faust ruhen zu lassen. Dieser Kurs war immer so langweilig.

„Wild umschlingende Körper sind Munition für Staatsfeinde, denn damit versuchen sie tugendhafte Bürger auf dem Pfad des Hasses zu führen."

Noch fast fünfzig Minuten würde der Professor noch weiter auf die Paarung von Menschen einpeitschen. Nicht auszuhalten. Und dann sah er ihren Blick. Wie ein kleines scheues Reh im Wald zwischen kräftigen Bäumen stehend, blitzten ihn zwei wunderschön braune Augen an. Sie beobachtete ihn. Jetzt sah sie seinen Blick und drehte sich beschämt wieder zum Professor.

„... noch nie etwas Gutes, liebende Menschen zu sehen. Dabei zuzusehen, meinte ich."

Wer war sie? Hatte er sie schon mal gesehen? Minutenlang betrachtete er ihre schwarze Mähne und versuchte, darin zu lesen. Wie sie wohl hieß, wie sie roch? Ob sie ihn mögen würde?

Jetzt endlich blickte sie zur Seite, um der Blondine, die neben ihr saß, etwas zu sagen.

Wie hübsch sie doch war. Nie hätte er eine Chance bei ihr. Enttäuscht stöhnend, blickte er wieder auf sein Gekritzel. Hatte vielleicht ein Höhlenmensch sein Wandgemälde auch einst so betrachtet? Voller Selbstzweifel über sich und die Welt. Bei einem Schulausflug durfte er sich einmal so eine Höhle ansehen. Kleine Antilopen und Büffel jagten einen dünnen Menschen. Oder war es andersherum?

„Henrik, hören Sie auch zu?"

Erschrocken blickte er auf. Sofort sagte er „Ja", ohne wirklich die Frage verstanden zu haben.

Alle Blicke ruhten auf ihn. Das hübsche Mädchen lächelte ihn an!

„Gut, das will ich auch hoffen, ihre Vornoten sind nämlich ausgezeichnet und ich möchte, dass dies so bleibt. Also, wo war ich stehen geblieben? Ach so, beim sogenannten Orgasmus. Eine Schande für jeden Filmschaffenden so etwas Unmoralisches auf die Kamera bändigen zu wollen."

Henrik hörte schon wieder nicht hin. Nun lächelte auch er sie an. Ihre Augen leuchteten wie Scheinwerfer in einer kalten Winternacht. Sie drehte sich wieder zu ihrer Freundin. Sprechen sie über ihn? Scheint so, denn auch diese blickte ihn an. Machten sie sich vielleicht lustig über ihn? Ein Schauer kreischte durch seine Eingeweide. Die Angebetete schien die Blondine etwas zu fragen, und diese nickte schließlich. Sie machten sich ganz bestimmt lustig. Doch nach einigen Momenten drehte sich Braunauge wieder um und überreichte - unbemerkt vom Professor - denjenigen, der hinter ihr saß, ein kleines Blatt Papier.

„Jede Szene mit Umarmungen, Küssen oder gar sich anbahnender Kopulation, sind sofort zu zensieren."

Sein Herz klopfte wild, als die kleine Botschaft ihn erreichte. Bist du wirklich der Henrik, der letzte Woche das Liebesgedicht in der Studentenzeitung veröffentlicht hat?"

Henrik blickte wieder auf und bemerkte die Blicke vom Fragensteller. Er nickte sie an, doch diese schüttelte ihre Mähne und zeigte ihm mit den Fingern, dass er zurückschreiben sollte. Nervös wurde er. Schnell etwas Geistreiches zu schreiben, nicht so einfach.

„... Zerstörung des Arbeitsschaffenden durch amouröse Propaganda ...“

Er schrieb etwas und reichte das Briefchen weiter. Sofort bereute er es. Sie las es. Zuerst schaute sie etwas verwundert, aber dann schenkte sie ihm ein Lächeln, welches den gesamten Raum zu wärmen schien. Wieder schrieb sie etwas und reichte es weiter.

Mit zitternder Hand öffnete er es. Es war dasselbe Blatt Papier, das er eben beschriftet hatte. Mit etwas krakeliger Schrift stand *Deine Augen sind so schön wie der tiefste Wald im hellsten September*. Und darunter hatte sie nun geschrieben: *Was sucht ein Poet wie du, in diesem Kurs?* Darüber musste er lächeln. Er fasste sich ein Herz und ergänzte: *Ich wusste es nicht, bis ich dich eben erblickte* und reichte es weiter.

Wieder schien sie überrascht. Und dann schaute sie ihn an. Einfach so. In ihrem Blick stand so viel geschrieben, Henrik würde es zeitlebens nie schaffen, ihn ganz zu entschlüsseln. Denn er sie sah sie nie wieder.

Just in dem Moment, als sie ihn anblickte, kamen zwei bullige, alte Männer hinein. Sie hielten dem Professor ihre Ausweise entgegen und gingen zum hübschen Mädchen. Die Jäger schritten in den Wald.

Ihr Blick war voller Angst, als sie aufstehen musste. Ganz kurz, eine Sekunde vielleicht, blickte sie Henrik noch einmal an. Dann ging sie mit den Männern mit.

Für einen Moment herrschte Schlachtfeldstille. Dann sprach der Professor einfach weiter. „Das Reinhalten unserer Gesellschaft ist das, was zwischen Erfolg und

Niederlage unserer Gesellschaft steht. Prägen Sie sich das stets gut ein."

Kleines Handicap

„Ihr Kaffee, Sir." Formulierte der Schwarze so höflich wie möglich.

„Ist er schwarz?", fragte der Weiße.

„Selbstverständlich, Sir. Ihr Frühstück, ein Croissant mit Butter und Marmelade, ein Brötchen mit Wurst und Käse."

„Ja, richtig. Ähm, wie war Ihr Name noch mal?"

„Tebogo, Sir."

„Ah, ja. Ihr Vorgänger hat Sie sehr empfohlen." Es war früh am Morgen, der Weiße saß an seinem Schreibtisch, eine geöffnete Bildermappe vor ihm liegend.

„Und Ihre Zeitung, Sir."

„Ja, danke, Tebogo. Sie kennen Ihre Aufgaben für heute, ja?"

„Natürlich, Sir. Haben Sie noch sonstige Wünsche?"

„Nein, nein, ist schon gut. Ich habe heute nicht viel vor. Ich gehe nur noch schnell die Bilder durch und dann treffe ich mich mit dem Minister."

„Dann noch Guten Morgen, Sir." Und dann verschwand er.

Der Weiße nahm sich wieder die Bildermappe vor und verspeiste gleichzeitig sein Frühstück. Mit einem dicken Filzstift markierte er einige Bilder. Doch nach einigen Seiten stockte er. Ein Bild fiel ihm sofort auf. Besser gesagt, ein Mann fiel ihm sofort auf. Der weiße Mann betätigte einen Schalter. „Cindy? Schicken Sie bitte Tebogo hinein!" Dann murmelte er mehrmals

„Nicht zu fassen".

Schließlich trat der Erwünschte hinein. „Sie haben einen Wunsch, Sir?" Der Weiße hielt ihm grinsend eine alte Fotografie hin, schwarz-weiß. Sie zeigte einen schwarzen Sportler mit einer Medaille um den Hals.

„Das sind Sie! Sie sind Tebogo Kula! Sie sind der Letzte, der für unser Land Gold geholt hat. Bei den Olympischen Spielen, vor dem Ausschluss."

Tebogo blickte beschämt zur Seite. „Ja, Sir", sagte er schließlich. „Das war ich. Vor langer Zeit."

„Sie sind eine Legende! Ich hätte nie gedacht, so einen berühmten Menschen für mich arbeiten zu lassen."

„Ich bin nicht berühmt, Sir", sagte Tebogo bescheiden.

„Das sollten Sie aber sein." Wie eine heilige Reliquie hielt er die Fotomappe hoch. „Hier sind alle Olympiahelden unseres Landes abgebildet und ich kann Ihnen versichern, Sie sind einer der größten davon. Ihre Zeit über die 800 m ist immer noch Landesrekord."

„Danke, Sir. Ihr Lob bedeutet mir sehr viel. Nur noch wenige können sich an mich erinnern."

„Das ist aber sehr schade. Ich sage Ihnen was. Mein Sohn ist selbst Athlet. Ein Treffen mit Ihnen, würde ihm sehr viel bedeuten. Er trainiert gerade, wollen wir ihn besuchen gehen?"

„Haben Sie nicht einen Termin mit dem Sportminister?" Der Weiße amüsierte sich darüber.

„Der ist doch auch dort."

„Das ist aber ein schöner Golfplatz, Sir", war Tebogo voll des Lobes.

„Ja, nicht? Mein Sohn trainiert hier ständig. Langsam wird er einer der besten Nachwuchsspieler der Gegend. Leider wird er nie international starten können, aber so ist nun mal das Leben, Tebogo. Sie hatten nun mal Glück gehabt."

„Ja, Sir, ich hatte Glück."

Der Weiße zeigte auf jemanden. „Da ist er ja."

Sie näherten sich einem kleinen dicklichen Jungen, von etwa 15 Jahren, der schwitzend einen kleinen weißen Ball betrachtete. „Hallo, Lourens. Du errätst nie, wer jetzt für mich arbeitet."

„Vater, ich bin aber beschäftigt." Ohne darauf einzugehen, machte der Weiße Tebogo ein Zeichen nach vorn zu treten. „Das ist Tebogo Kula. Er hat für unser Land olympisches Gold geholt."

Der Junge musterte ihn. „Muss aber lange her sein." Dann bemerkte er noch seine Unhöflichkeit und schob noch ein „Wegen dem Ausschluss meine ich."

„Das war vor 38 Jahren, Sir." Erklärte Tebogo dem Jungen.

„Aha. Schön," meinte Lourens, voll auf dem Golfball konzentriert.

„Mein Sohn ist auch Sportler, Sir," sagte Tebogo sich wieder dem Weißen zugewandt.

Dieser machte große Augen. „Ach? Was macht er denn so?"

„Er spielt Rugby, Sir. Er ist einer der Besten, Sir, wenn ich das so sagen darf."

Der Weiße war ganz begeistert. „Ein Rugbyspieler! Das ist ja wunderbar! Wo spielt er denn?"

Tebogos Miene, die bisher sehr heiter war, verfinsterte

sich. „Das ist ein sehr großes Problem für uns, Sir. Nur Studenten dürfen ja für Vereine spielen, aber er wird nicht angenommen. Alle Universitäten lehnen ihn ab, nachdem das Sportministerium meinen Leuten doch so viele Auflagen beschert hat."

Der Weiße kratzte sich am Bart. „Ich verstehe, hm, das tut mir aber leid."

Der Junge schlug jetzt den Ball und verfehlte das Loch um einige cm. „Verdammt!", fluchte er und begab sich dorthin.

„Er hat Talent, nicht? Jetzt braucht er nur noch einen guten Caddie."

„Sir, ich würde das sonst nie tun, aber Sie waren heute so freundlich zu mir. Sie kennen doch den Minister? Könnten Sie vielleicht mit ihm sprechen? Mein Sohn ist derzeit auch noch ohne Arbeit und deshalb…"

Der Weiße winkte ab. „Ich verstehe schon, was Sie mir sagen wollen. Kein Problem. Ich spreche mit dem Minister. Hey, Lourens, Tebogo möchte gern, dass sein Sohn dein neuer Caddie wird. Er ist bestimmt so pflichtbewusst wie sein Vater. Und er ist auch noch ein fabelhafter Rugbyspieler."

Der Junge lächelte angestrengt. „Das wäre schön Vater, aber du kennst doch hier die Bestimmungen?"

Der Weiße winkte ab. „Ich werde mit dem Minister sprechen. Dann bekommt Tebogos Sohn eine Genehmigung und wird dein neuer Caddie."

„Wenn du es sagst, Vater." Dann fokussierte sich Lourens wieder auf seinen Schlag und fluchte erneut, als er das Loch verfehlte.

„Dann wäre das ja geklärt," freute sich der Weiße.

„Danke, Sir", bedankte sich Tebogo enttäuscht.

„Ah, da ist ja der Minister!"

Ein alter Mann stieg aus einem Golfwagen. Ein weißer Caddie lief hinter ihm her. Die beiden begrüßten sich.

„Her Minister, Sie glauben ja nicht, wer jetzt für mich arbeitet. Ein waschechter Olympiasieger." Dann zeigte er auf Tebogo.

„Muss aber lange her sein." Der Minister schniefte.

„Na ja, das war vor dem Ausschluss."

Der Minister schniefte erneut „Ich bin ganz froh darüber. Unsere besten Sportler messen sich landesweit, das reicht doch, oder?"

„Wenn Sie das sagen, Herr Minister."

„Sind Sie schon mit den Bildern fertig?"

„Ja, Herr Minister." Der Weiße überreichte dem alten Mann seine Bildermappe. „Die Bilder mit schwarzen Sportlern habe ich angestrichen und schon sperren lassen. Sie werden in diesem neuen Buch nicht veröffentlich werden."

„Sehr schön. Das wird ein tolles Buch werden. Ich sagte doch, die Kooperation zwischen der Kulturschutzbehörde und dem Sportministerium wird sich auszahlen."

„Ja, Herr Minister. Ich werde meinem Sohn auch ein Exemplar schenken."

„Apropos, er spielt doch auch hier, oder?"

„Ja, Herr Minister. Er ist einer der talentiertesten Nachwuchsspieler in der Gegend. Wo wir gerade dabei sind, ich hätte da ein Anliegen. Ich habe es dem lieben Tebogo hier versprochen." Und dann erläuterte der Weiße dem anderen Weißen das Problem und wie man es seiner Meinung nach lösen konnte.

Tebogo lauschte im Hintergrund und betrachtete die friedlichen Wiesen, die so prächtig vor ihm lagen.

Galmuth

„Entschuldigung, Sie da, könnten Sie kurz stehen bleiben?", hörte Jannie noch, kurz bevor sich die Fahrstuhltüren öffneten. Während ein junger Mann mit Stoppelbart hineinging, blieb der alte Mann davorstehen und drehte sich zur jungen Dame um, die gerufen hatte.

Sie hielt ein Blatt Papier in der Hand, und schien aufgeregt zu sein.

„Haben Sie das eben ausgeteilt?"

Jannie warf einen Blick auf seinen kleinen Handwagen, auf dem sich vorhin noch ein ganzer Stapel davon befunden hatte. „Ja, natürlich. Ich teile die Liste doch jeden Monat aus."

„Ja, aber das muss doch ein Fehler sein, oder nicht?"

„Warum denn?"

„Haben Sie mal draufgeschaut?"

„Nur flüchtig, wenn ich ehrlich bin. Ich arbeite jetzt schon seit fast vierzig Jahren hier, da liest man sich nicht mehr alles ganz genau durch."

Sein entwaffnendes Äußeres beruhigte die hübsche Frau. „Hier, schauen Sie! *Poltieren* ... *Fikantifikation* ... Oder dieses hier: *Galmuth*. Was sind das denn für Wörter, bitte?"

Jannie hob die Hände. „Tut mir leid, ich teile die Liste nur aus, ich schreibe sie doch nicht. Dies ist die Liste der Wörter, die im letzten Monat verboten wurden. Mehr kann ich dazu nicht sagen."

„Aber ich muss doch wenigstens die Wörter kennen,

die ich für meine Berichte nicht benutzen darf."

„Ich verstehe ihr Dilemma, ja. Aber ich kann da nichts machen. Fragen Sie doch einen Kollegen! Der Herr da hinten scheint doch bestimmt zu wissen, was sie bedeuten."

Sie schaute skeptisch. „Bent? Ich weiß nicht, die hellste Kerze ist er eigentlich nicht gerade. Aber fragen kostet ja nichts. Hey, Bent, komm mal kurz her!"

Ein etwas dicklicher Mann, etwa dreißig Jahre alt, mit einer schweren Hornbrille auf der Nase erhob sich und stand schließlich bei ihnen. Er schwitzte sehr stark, es war ein sehr warmer Tag, heute.

Die junge Dame zeigte ihm die Liste.

„Hm." Begann er seine Analyse. „Also, Poltieren sagt mir etwas. Ist das nicht ein anderes Wort für Analverkehr?"

Die Frau erröte leicht. „Also deshalb kenne ich es nicht."

„Und dieses hier. „Keilung". Ich glaube, das schon einmal gehört zu haben. Die Sprayer benutzen das, habe ich mal gehört. Aber von „Galmuth" habe ich noch nie etwas gehört. Am besten wir halten uns einfach an die neue Liste und verwenden diese Wörter nicht mehr."

„Na schön. Dann guten Tag noch", wollte sie Jannie noch wünschen, doch dieser war schon weg.

Die junge Dame war nicht die Einzige gewesen, die sich über die Liste gewundert hatte. Bald wurde in der ganzen Abteilung geflüstert, gerätselt und gemutmaßt. Für jeden Begriff gab es eine andere Theorie. Doch niemand traute sich, einfach mal bei den

Verantwortlichen nachzufragen, was es denn mit den Begriffen auf sich hat.

So kam es, dass jeder die Liste zu den Anderen legte. Dass niemand sie brauchte, weil ja niemand die Wörter kannte, wurde ebenfalls nie ausgesprochen. Von den wahren Listen waren nur noch Überreste übrig. Allesamt waren sie im Schredder gelandet.

„Galmuth", kicherte Jannie. „Nicht zu fassen, dass es so gut geklappt hat." Jannie saß auf dem Dach. Dort hatte er bereits vor Stunden die falsche Liste auf seiner alten Schreibmaschine eingetippt. Die Wörter hatte er sich einfach ausgedacht und nur an *Galmuth* konnte er sich überhaupt noch erinnern. Wie er seine Kollegen kannte, würde nie jemand dahinterkommen. Sicher würde er auch nie verdächtigt werden. Jannie war einfach nur ein alter Mann, der Listen und andere Formulare austeilen musste. Der regelmäßig nachschaute, ob noch genug Papierhandtücher in den Toiletten vorrätig waren. Der putzte, wischte und andere Sachen machte, den irgendjemand halt tun musste. Und den alle kannten und von dem kaum jemand den Namen wusste.

„Vierzig Jahre sind genug", sagte er trotzig. Wie oft schon hatte er auf diesem Dach gehockt. Und sich gefragt, wie lange noch. Nun wusste er es. Mit einem Lächeln im Gesicht sprang er hinunter. „Galmuth. So ein Quatsch." Kam ihm noch einmal in den Sinn, bis alles um ihn herum, dunkel wurde.

Des Kaisers neue Kleider

„Ihr erstes Mal im Archiv?"
Der kleine Mann, der etwas von einer Eule hatte, starrte sie an. Bestimmt erschienen hier selten Frauen.
„Ja, das erste Mal", antwortete Lorinda wahrheitsgemäß und nickte dazu noch, um auf ganz sicher zu gehen.
„Schön, schön." Freute sich der Eulenmann und mit einem „Folgen Sie mir, bitte!", drehte er sich um und ging Richtung einer riesigen metallenen Tür.
Selbst ein Laie erkannte sofort den komplizierten Schließmechanismus dieser, mit all den ganzen Rädchen und Walzen, die still auf ihre Befehle warteten. An einer Steuerkonsole drückte er ein paar Knöpfe und dann ertönten Klick, Klack und nochmal Klick, Klack. Und schließlich öffnete sich die Tür und gab Einblick in eine riesige Gruft aus Akten und Geheimnissen, die darin friedlich ruhten.
„Gehen Sie einfach gerade aus und melden sich bitte bei Herrn Geldenhuys, er wird Ihnen weiterhelfen."
Dann verschwand er durch die Tür, die sich langsam hinter Lorinda schloss.
Mit nervösen Schritten wandelte sie mindestens fünfzehn Minuten zwischen zwei sehr hohen und sehr langen Regalen, beide bis zur Belastungsgrenze vollgestopft, bis sie endlich eine Art Rezeption sah. Warum sich diese, ganz am hinteren Ende des Archivs befand, entzog sich ihrer Logik. „Hallo, ich bin die neue Beauftragte für…"

„Ja, ja. Das Foto", zerrte der gelangweilte Geldenhuys die Worte in die Länge. Dann erhob er sich von seinem Schreibtisch und kramte ein Schlüsselbund heraus. „Kommen Sie mit! Es liegt in der gesicherten Abteilung."

„Ich dachte, dies wäre schon die gesicherte Abteilung."

Der Mann blickte sie starr an. „Es gibt immer eine Abteilung, die noch mehr gesicherter ist." Er ging zu einer Tür, auf der ein „Nur für Befugte" stand.

Lorinda blickte sich kurz um und sah jetzt erst, wie riesig das Archiv wirklich war, denn von Geldenhuys erhöhten Platz aus, konnte man sie vollständig erblicken. Die Reihe, durch die sie minutenlang ging, war nur eine von vielen.

„Kommen Sie!", befahl der Mann, und sie ging mit ihm in die gesicherte Abteilung.

Diese war ein relativ kleiner Raum, in dem sich mehrere Metallschränke befanden. An einem kleinen Schreibtisch saß ein winziger Mann, der von einer grünen Tischlampe erleuchtet, einen Text las. „Dies ist Herr Straeuli. Er wird Ihnen weiterhelfen."

Als Geldenhuys den Raum verließ, hörte Lorinda, wie hinter ihr abgeschlossen wurde. „Hallo?", sagte sie zum Mann, der so versunken zu sein schien und keine Regung ihr gegenüber zu zeigen schien. „Ich bin die neue Beauftragte für…"

Der Mann blickte auf und maximal große Brillengläser strahlten ihr entgegen. „Ihr Vorgänger war Christian. Guter Mann. Bitte setzen Sie sich!", bot er ihr an, doch Lorinda sah keinen Stuhl, auf dem sie Platz nehmen konnte und so blieb sie etwas verwundert stehen. Langsamer Zweifel, ob sie dem ganzen gewachsen war, überkam sie.

„Geben Sie mir bitte Ihren Dienstausweis!", äußerte er.

„Aber draußen hatte ich schon…"

Die Brillengläser richteten sich auf sie. Also überreichte sie ihm ihren Ausweis.

Mit wissenschaftlicher Präzision überprüfte er diesen. „Gut." Sagte er nach einiger Zeit. „Dann möchte ich bitte Ihre Bescheinigung sehen."

Auch diese gab sie ihm und er überprüfte sie. „Gut. Dann noch bitte Ihren Sicherheitsstatus." Und erneut wurde überprüft. „Gut." Er gab ihr die Dokumente wieder und holte einen Hefter aus einer seiner Schubladen. „Ich muss Ihnen noch einige Fragen stellen, weil dies ja das erste Mal für sie sein wird."

Sie nickte, und er starrte sie an.

„Wissen Sie, warum Sie hier sind?"

„Ja, ich bin die neue …"

„Antworten Sie nur mit Ja oder Nein, bitte!"

„Entschuldigung, ja."

Er notierte es. „Üben Sie regelmäßig Geschlechtsverkehr mit einem Mann aus?"

„Wie bitte?"

„Ja oder nein?"

Sie zögerte. „Ja."

Er notierte es. „Haben Sie Kenntnis der Dienstanweisung A38?"

„Ja."

Er notierte es. „Kennen Sie mich persönlich?"

„Aber, das wissen Sie…" Sie stockte. „Nein."

Er notierte es. „Essen Sie Südfrüchte?"

„Was?"

Er wiederholte die Frage.

„Ja, ich denke schon."

Er notierte es, mit strafenden Blick. „Sind Sie in der Partei?"

„Ja."

Er notierte es. „Haben Sie Kontakt zu Nichtparteimitgliedern?"

Wieder zögerte sie. „Ja."

Er notierte es. „Gut. Das war es auch schon." Er steckte das ausgefüllte Formular in den Hefter und steckte ihn wieder in die Schublade. Nun holte er ein anderes Formular heraus. „Bitte unterschreiben Sie das noch!"

Sie überflog es schnell und unterschrieb dann, dass sie schweigen wird, ihre Arbeit leugnen wird, falls jemand fragen würde und sie Dienstanweisung A38 befolgen wird, wenn es soweit ist.

„Gut." Auch dieses Dokument wanderte in den Schreibtisch und der Mann erhob sich. „Folgen Sie mir!"

Sie gingen zu einem der Schränke. Er öffnete das drittletzte Fach von unten ausgesehen und zog eine Ablage heraus. Darauf stellte er die darin enthaltene Kassette und öffnete sie. Daraus holte er, seine Hände waren plötzlich mit Handschuhen überzogen, einen Umschlag heraus. Aus diesem holte er eine Fotografie heraus. „Ich bin befugt, Sie Ihnen nur einmal zu zeigen, bis Sie nächstes Mal wieder hier erscheinen, verstanden?"

„Ja."

Er zeigte ihr die Fotografie und den nackten Mann darauf. „Am wichtigsten ist der Penis. Prägen Sie ihn sich gut ein."

Sie versuchte es, musste aber ständig an den Besitzer dieses denken, den sie erst noch vor ein paar Stunden im Fernsehen gesehen hatte.

„Dies ist das Original. Wir wissen, dass es 20 Kopien gab. Ihre Vorgänger haben bisher 11 gefunden. Alle zeigten sie nur den Penis, also merken Sie sich alle Details. Suchen Sie überall danach. In Galerien von staatsfeindlichen Künstlern. In Dissidentenversammlungen. Auf illegalen Lesungen. Überall. Haben Sie Sie sich alles eingeprägt."

„Ja, ich glaube schon."

„Gut, der Präsident zählt darauf, dass bald alle Kopien dieser eindeutig gefälschten Scheußlichkeit gefunden und hierhergebracht werden."

„Ich habe verstanden. Der Präsident kann sich auf mich verlassen."

„Wenn dies nicht der Fall sein sollte, Sie kennen ja die Dienstanweisung A38."

Sie blickte etwas eingeschüchtert. „Ja, genau, die Anweisung."

„Dann noch viel Glück. Bis zum nächsten Mal." Sie verließ diese Abteilung und das Archiv. Als das schwere Tor sich hinter wieder schloss, begleiteten seine Klicks und Klacks sie auf Schritt und Tritt.

Stein für Stein

„Eindeutig sowjetische Propaganda", entschied ein Mann im mausgrauen Anzug. Vor ihm fielen zahlreiche Blöcke kunterbunter Steine von oben langsam nach unten.

Der junge Mann am Computer blickte ihn erstaunt an.

„Wie meinen Sie das?"

Mit verschränkten Armen und einem Gebieterblick sah der Gefragte aus wie eine alte Statue. „Das muss ich noch erklären? Sie sagten doch selbst, es stamme von denen."

„Ja, und? Es wird doch aber gar nicht von denen vertrieben. Das ist doch eine japanische Firma."

„Das ist ja noch schlimmer." Der junge Mann bekam das Gefühl, die Logik würde ihn gerade überholen, und er würde sie in tausend Jahren nicht mehr einholen können.

„Aber das ist doch nur ein Computerspiel. In Europa und Amerika spielen das mittlerweile alle."

„Alles nur Propaganda."

„Entschuldigen Sie, ist das hier aber nicht die Propagandabehörde?"

Der Mäuserich wurde zornig. „Ihr ungewaschenen Studenten könnt uns in eurer Freizeit so nennen, aber das hier ist die Behörde für Kulturschutz. Und wir bestimmen, was unsere Jugend in ihrer Freizeit macht. Und kommunistische Spielchen gehören nicht dazu."

„Was ist an diesem Spiel denn kommunistisch?"

Der Mäuserich schniefte. „Na ja. Man muss etwas

aufbauen. Diese Steine werden doch gestapelt, oder nicht? Eindeutig sinnbildlich für den Aufbau des sowjetischen Staates."

„Ich glaube nicht, dass die das damals so gemacht haben."

„Machen Sie sich etwa lustig über mich?"

„Liegt mir völlig fern. Wir, also meine Partner und ich, möchten doch nur die Genehmigung für das Aufstellen dreier Automaten mit diesem Spiel, in dieser Stadt."

„Dann nehmen Sie ein anderes Spiel."

„Aber das hier ist das beliebteste Spiel der Welt!"

„Das ist hier aber nicht die Welt! Seit Jahren boykottiert man uns und nun sollen wir russische Spiele in unsere Hallen stellen?"

„Sie kommen doch aus Japan. Bei Erfolg wollen sie uns noch weitere Automaten zur Verfügung stellen. Bitte, überlegen Sie doch mal, wie viel Umsatz man damit machen könnte. Die Hallen würden von sich selbst füllen, das verspreche ich ihnen. Und es wäre ein Zeichen für den Umbruch."

„Was denn für ein Umbruch?"

„Na ja, in letzter Zeit passiert viel. Es heißt Akona könnte freigell…"

„Sprechen Sie diesen Namen hier nicht aus!", erzürnte sich der Mäuserich. „Das ist alles noch nicht offiziell. Nur Gerüchte, weiter nichts."

„Aber spüren Sie nicht den Wandel, der in der Luft liegt? Und wenn Sie dieses Spiel den vielen jungen Leuten zur Verfügung stellen würden, dann zeigen Sie doch, dass der Staat für Veränderungen offen ist."

Der Mäuserich überlegte. „Hm, na ja, Sie könnten Recht haben. Und beim Erfolg würden die uns auch andere Spiele liefern, ja?"

„Genau."

„Was für welche?"

„Na ja, in einem muss man eine Frau aus den Fängen eines großen Affen befreien."

Der Mäuserich streichelte sein Kinn. „Hm. Würde zu unserem Land passen. Wir haben viele Affen hier."

„Ja, das sehe ich genauso", bestätigte der junge Mann mit Blick auf ihn.

„Und was hätten die noch anzubieten?"

„Ein Autorennspiel."

Sein Blick zeugte von Zufriedenheit. „Politisch neutral. Das gefällt mir. Gut, einverstanden. Ich werde es mit meinem Vorgesetzten besprechen und dafür stimmen. Aber dieses Spiel da." Er zeigte auf den kleinen Bildschirm. „Ist das wirklich so beliebt ja?"

„Ja, sehr sogar. Wollen Sie mal eine Runde spielen?"

Der Mäuserich lächelte verlegen. „Ich habe so etwas noch nie gemacht."

Der junge Mann winkte ab. „Es ist ganz leicht. Kommen Sie!"

Und so spielte der Mäuserich, stapelte die bunten Steine, bis schließlich der ganze Bildschirm voll war.

„Ich muss schon sagen, es macht Spaß. Aber es ist auch recht schwierig. Haben Sie schon alle, wie sagten Sie, Levels, geschafft?"

„Ja, das habe ich. Am Ende wird eine Rakete abgeschossen."

„Wie meinen Sie das jetzt?", fragte der Mäuserich und

der junge Mann erkannte seinen Fehler.

„Na ja, am Ende wird eine Rakete in den Weltraum geschossen."

„Eine sowjetische?"

„Ich weiß nicht, kann sein."

„Ich wusste es! Ich werde dagegen stimmen!", schimpfte der Mäuserich und sprang wie ein wilder Gorilla im Raum herum. „Dann also doch das andere Spiel", murmelte er und fasste sich an seinen Kopf. „Das passt wirklich besser zu unserem Land."

Cielo

Deine Lachen sind so wunderschön,
weil sie den Sommer mit Blumen schmücken
und dem harten Winter die Kälte pflücken.

Deine Augen funkeln so wunderschön,
dass sie den Tag für mich erwecken
und jedes Monster in der Nacht erschrecken.

Deine streichelnden Hände sind so wunderschön,
wie sie meine konfus verwirrten Finger berührten
und meine nicht weniger berauschten Lippen
verführten.

Deine sanfte Anmut ist so wunderschön.
Sie ist der größte Lohn nach ewig langem bangen
Warten.
Sie ist so blühend belebend duftend wie der größte
Garten.

Deine Gedankenträume sind so wunderschön.
Wie du von Güte, von Frieden sprichst, so fest, massiv
wie Riesenbäume
So zart, so liebevoll, mag manches naiv sein, für mich
sind's keine Schäume.

Einfach alles an dir ist so wunderschön.
Nie möcht ich dich loslassen, nie vergessen.
Von deiner Eleganz bin ich wie besessen.

Katharina Sommer-Brommer

Katharina Sommer-Brommer wurde 1966 in Rostock geboren. 1984 kam sie nach Thüringen und machte eine Ausbildung als Krankenschwester. Heute ist sie in der Altenpflege tätig und Mutter von drei Kindern.

Sie schreibt Lyrisches und Prosatexte und ist Mitglied des literarischen Arbeitskreises »Louis Fürnberg« im Hause des Mühlhäuser Kulturbundes.

Bilanz

Die Jahre strichen durchs Öhr,
wie Tropfen fielen die Tage ins Meer meiner Seele,
und Sonne fand ihren Weg zum Grund meiner
Träume,
und jenes silberne Band hinter den Wellen dort,
muss wohl der Horizont sein.

Die See

… Die See hat ihre Männer geschickt …

Bucklige Wellen schleppen den Sand
ins uferlose Bernsteinland,

sie werfen ab das blaugrüne Haar,
tauchen ins Lachen der Möwenschar
zum Grund aller Worte – im windigen Kleid -
das Garn ihrer Wege führt sie weit
in das Gestammel der Abendklippen,
sie tragen die Sonne auf glutrotem Rücken
und schichten Geschichten
zu Meeresschaumschnee,
die ewigen Wellen der uralten See.

Stille

Stille wächst im Gras.
Ein Stein zerbrach unser Wort.
Ich höre das Springen der Silben,
und bittersüßer Mandelstaub
fällt von unseren Lippen.

Sieh!

Die Sekunde.
Steht und stirbt in uns.
Und ihr endloser, stummer Schrei
löst die Ohnmacht aus dem Berg,
hallt an den Hängen der Zeit
über das friedfarbene Tal.
All die Liebe und Wärme!
Sieh hin!
Sie reißt dem kindlichen Lachen
das Hemd vom Leib,
dass es zu Staub zerflirrt,
und Schmerz wirft einen Blitz
durch die Nacht…
Sieh nur,
was sie angerichtet hat,
diese, eine Sekunde
in uns!

Zu dir

… Wenn aus blauen Bäumen Träume fallen, …
… und Nacht das Wort auf deine Lippen färbt, …
… wenn unsere Stunden wie Jahrzehnte im
Gedächtnis hallen, …
… dein raues Band die Zweige meiner Seele stärkt, …
… dann find ich den Weg zu dir, …
... Liebster, …
… durch die endlose Weite in mir. ...

Unser Weg

Aus dem Tal stiegen wir morgenwärts,
die Sterne tief im Haar …
flog dein Lachen vor uns her …

Der Boden hing schief im Gebälk,
es dämmerte dein Blick …
streute Kornblumenblau in den Tag …

Wie viel Jahre hat diese Nacht,
fragst du mit glühendem Mund …
als wir fanden den Weg, Hand in Hand …

Alzheimer

Silbenstaub und Trauerkorn,
… Gedankenlaub, den Weg verlor´n …
… im tiefen Land der Seelenscherben, …
… und die Erinnerungen sterben, …
… gejagt vom Wind aus grauer Glut, …
verwaistes Kind, verlor´ner Mut.

Schwester

Sehnsucht fliegt über das Meer.
Für einen Wimpernschlag hör ich das Rauschen
aus unsrer Kindheit,
spür ich den Sog deines fliehenden Blicks.
Bitter, das Trauerkorn zwischen den Zähnen,
steh´n wir am Ufer vergangener Tage,
nimmst du die Tränen mir
und meine Hand.

Sehnsucht fliegt über das Meer.
Für einen Wellenzug trägst du die Wehmut
aus meinen Gedanken,
leg ich den Schrei ab auf wortlosen Grund.
Heiter das Lachen junger Sturmmöven,
steh´n wir am Horizont uns´rer Träume,
zeig ich das Segel dir
aus blauem Wind.

Anneliese Ludwig

 Anneliese Ludwig wurde 1950 in Oberdorla geboren und ist dort aufgewachsen. Sie arbeitete als Erzieherin in Krippe, Kindergarten und Hort. Die letzten Jahre ihrer Berufstätigkeit arbeitete sie kreativ mit Kindern im Hufeland-Klinikum. Sie schreibt Gedicht, kleine Theaterstücke und Kurzgeschichten. Ihre Gedichte wurden schon mehrfach veröffentlicht.

Ihre Werke, die in dieser Anthologie veröffentlicht sind, entstammen ihrem Buch »Vogtei-Impressionen in Wort und Bild«, das 2017 im Rockstuhl Verlag erschienen ist.

Seit 2015 ist sie Mitglied des Mühlhäuser Autorenkreises.

Ein bunter Vogel

Ein bunter Vogel saß im Baum,
sang seine schönsten Lieder.
Er sang so rein,
er sang so klar.
Es glänzte sein Gefieder.

Das hörte eine Spatzenschar,
stürzt neidvoll auf ihn nieder.
Sie pickten ihn,
sie zwickten ihn,
verhöhnten seine Lieder.

Der bunte Vogel wünschte nur,
er wär` so grau wie sie.
Er wälzte sich im Straßenstaub
und tschilpte so wie nie.

Er sah nun wie die Spatzen aus,
sang nie mehr seine Lieder,
trotzdem liebten sie ihn nicht,
das spürte er immer wieder.
Talent verdorben, gramvoll gestorben.

Eine Vorweihnachtsgeschichte

Es klingelt Sturm an der Tür, die Mutter öffnet. Wie immer sausen die Kinder mit einem „High Mum!" an ihr vorbei und stürmen die Treppe hinauf. Das ist ungewöhnlich, denn sonst kommt als Nächstes die Frage: "Was gibt es zu essen?", und beide rennen in die Küche. Doch heute poltern sie die Treppe hoch in ihre Zimmer.

Die Mutter muss sie zum Essen bitten. Am Tisch stecken sie die Köpfe zusammen und flüstern. Kein Gerangel und kein Streit, das ist merkwürdig.

Nach dem Essen stürzen sie wieder in ihre Zimmer.

Jonas kommt herunter und sucht etwas im Schubkasten. Mit dem Fleischklopfer rennt er wieder hinauf.

Nach einer kurzen Zeit stehen die beiden angezogen im Flur. „Wir müssen noch etwas erledigen" ist die kurze Antwort auf die Frage der Mutter, wo sie denn hinwollen.

Auf der Straße bleiben sie stehen und stecken die Köpfe zusammen. Vorsichtig holt jedes Kind eine Handvoll Geld aus der Jackentasche. Sie beginnen zu zählen. Bei Lisa kommen acht Euro und sechzig Cent zusammen, bei Jonas sind es sieben Euro und zwanzig Cent. Sie sind begeistert. "Über fünfzehn Euro, das ist viel Geld.".

Eilig laufen sie zum Weihnachtsmarkt. Hier sind viele Menschen unterwegs. Weihnachtslieder klingen und an allen Ecken duftet es nach leckeren Dingen. Zuerst beschließen sie, eine Runde mit dem Riesenrad zu fahren.

An einem Stand schaut sich Lisa schönen Schmuck an. So eine Kette für die Mutter wäre doch etwas. Aber Jonas zieht sie weiter, er hat Appetit auf gebrannte Mandeln. Sie kaufen sich eine Tüte und naschen davon.

An einem Stand bleibt Jonas begeistert stehen, hier gibt es Vogelhäuschen, das wäre ein Geschenk für den Vater, schlägt er Lisa vor. Er will schon so lange eins bauen, doch er hat nie Zeit dazu.

Lisa ist einverstanden. Zuerst möchte sie noch einen leckeren Kinderpunsch trinken.

Auch Jonas hat Durst. Sie lassen sich das Getränk schmecken.

Noch eine Weile streifen sie über den großen Platz. Allmählich wird es dunkel. Sie beschließen nun endlich die Geschenke für die Eltern zu besorgen, deshalb wollten sie ja eigentlich zum Weihnachtsmarkt.

Sie gehen zum Schmuckstand, um für die Mutter eine Kette zu kaufen. Lisa gefällt die mit den rosa Steinen am besten. Jonas ist einverstanden. Die freundliche Verkäuferin wickelt die Kette in hübsches Geschenkpapier. Acht Euro und sechzig Cent soll sie kosten. Lisa kramt in ihrer Geldbörse und befördert zwei Euro und acht Cent hervor, Jonas wühlt in seiner Hosentasche, aber es werden nicht mehr als neunzig Cent.

„Das reicht leider nicht", sagt die Verkäuferin und legt die Kette wieder zurück.

„Was nun?" Die Kinder stehen erschrocken da und schauen sich an. „Ach", sagt Jonas "da schenken wir ihnen das Vogelhäuschen". Sie laufen zum Stand zurück, wo es die Häuschen gibt.

Aber hier erleben sie die nächste Enttäuschung, das kleinste Futterhaus kostet sieben Euro. Was nun? Eigentlich wollten sie ja nur für die Eltern Weihnachtsgeschenke kaufen, und nun hatten sie fast ihr ganzes Spargeld für andere Dinge ausgegeben.

"Was können wir nur tun? Ob vielleicht Oma und Opa… "

Sie machen sich zu den Großeltern auf. Die freuen sich sehr über den Besuch der Enkelkinder. Jonas und Lisa berichten von ihrem Missgeschick.

Der Großvater denkt nach. "Tja, wollen wir gemeinsam ein Vogelhäuschen bauen?"

Oma fragt Lisa: „Was hältst du von selbstgebackenen Plätzchen, die mag die Mutter doch so gern."

Sie verabreden sich für den nächsten Tag. Der Heimweg verläuft ziemlich still, eigentlich hatten sie ja gehofft…

Am nächsten Tag werden Mutters Lieblingsplätzchen gebacken und ein Vogelhäuschen gezimmert. Schon lange haben die Kinder nicht mehr so viel Zeit mit den Großeltern verbracht. Und alle hatten viel Spaß dabei…

Wozu

Langsam sinkt die Nacht hernieder,
Dunkelheit deckt alles zu.
Müde liege ich im Kissen,
doch ich finde keine Ruh.
Zweifel quälen meine Seele,
an allem, was ich denk und tu.
Gestern war ich groß und wichtig,
heute bin ich klein und nichtig
Ach, ich finde keine Ruh,
wälze mich in meinem Bett,
frage mich wozu, wozu?
Wozu müssen Wälder sterben,
Menschen töten und verderben?
Fluss und Meere müllen wir zu.
Ach das alles raubt die Ruh.
Wozu all das Hetzen, Rennen,
Raffen, Streiten, Neiden, Trennen,
niemand hört dem andern zu.
Wozu sich quälen, schaffen, streben?
Schnell vorbei ist dieses Leben,
und ich frag wozu, wozu?
Wozu braucht der Mensch denn Waffen,
strebt er gierig nur nach Geld?
Nackt muss er die Erde lassen,
nichts gehört ihm auf der Welt.
Macht und Reichtum sind nur Drogen,
die vom wahren Leben trennen,
rauben uns Verstand und Ruh.
Müde stell ich mir die Frage,
wozu das alles nur, wozu???

Am Opfermoor

Aus dem grauen Opfermoor
steigt stetig weißer Nebel empor,
wallt langsam, dreht und windet sich im Kreis.
Da erscheint Freya, die Göttin, gehüllt in Weiß.
Sie erscheint im wallenden Gewand,
schwebt tanzend, hebt grüßend die Hand.
Ihr Kleid, ihr Haar, ihre Schleier weh´n
beim Wiegen, Tanzen und sich Dreh`n.

Langsam steigen aus dem Moor
Elfen und Feen zum Tanz empor.
Sie wiegen sich sanft zu ihren Füßen,
als wollten sie die Göttin verehren und grüßen.
Weiße Ritter mit gegürtetem Schwert,
reitend auf einem schneeweißen Pferd
neigen vor Freya ihr behelmtes Haupt,
bis sie ihnen das Weiterreiten erlaubt.

Jetzt schreitet aus dem Wolkenmeer
majestätisch der Gott Wotan daher.
Er umschlingt die Göttin ganz,
tanzt mit ihr einen wilden Tanz.
Ihre Leiber verschmelzen zu einem gar,
im Moor versinkt das Liebespaar.
Die Wolken geben fahles Mondlicht frei,
die Nebel verschwinden, der Spuk ist vorbei.

Für Christopher

Was soll ich dir schenken, mein liebes Kind?
Ich schenke dir eine Mütze voll Wind,
ich schenke dir eine Mütze voll Schlaf,
ich schenke dir ein schneeweißes Schaf,
einen Ritter auf einem edlen Pferd,
mit einem silbernen Zauberschwert,
der alle bösen Träume vertreibt,
der immer an deiner Seite bleibt.
Ich schenke dir des Himmels Blau
und auf den Wiesen den glitzernden Tau.
Ich schenke dir einen großen Baum,
auf jedem Blatt ein schöner Traum.
Ich schenk`dir eine Blume, die ihren Duft versprüht,
die niemals welkt, die nie verblüht.
Ich schenke dir der Sonne goldenes Licht,
den Mond und einen Stern nur für dich,
der hell leuchtet und blinkt,
der morgens im Meer der Träume versinkt.
Und abends strahlt er wieder hell und klar,
nur für dich, für dich mein Kind.
Was soll ich dir wünschen, mein liebes Kind?
Ich wünsche dir Menschen, die gut zu dir sind.
Menschen, die dich lieben und versteh`n,
mögen immer an deiner Seite geh` n.

Meine Liebe

Meine Liebe, scheu, wie ein Reh,
tanzt ausgelassen im Mondenschein,
möchte deiner Liebe begegnen,
möchte Bewunderung in deinen Augen sehen,
möchte blind dir vertrauen,
in dein Herz dir schauen,
deine Sehnsüchte verstehen,
ganz in dir vergehen.

Und doch...

Ich bin
nur ein Sandkorn in der Wüste,
ein Tropfen im riesigen Ozean,
ein Staubpartikel im Universum,
ein winziges Blatt am Baum des Lebens.
Einen Wimpernschlag lang wärmt mich
der Sonne Licht.
Ich bin ein Mensch,
nur einer von Milliarden auf dieser Welt,
und doch…

Ich bin!

Heinz Knaust

 Heinz Knaust, geboren 1932 in Mühlhausen, erwarb an der Franz- Liszt-Hochschule in Weimar das Staatsexamen als Fachlehrer für Violine. Er war von 1960 bis 1972 in Sonneberg, danach bis zum Ruhestand an der Musikschule in seiner Heimatstadt tätig.

Seit einigen Jahren ist er Mitglied des Literaturkreises »Louis Fürnberg« in Mühlhausen.

Schicksale der Nachkriegszeit

Fast schien die anbrechende Nacht die kleine Familie, einsam und weit ab von der Stadt wohnend, zu überfallen ... zu überfallen mit einer beängstigenden Ungewissheit. Das ohnehin schon sehr unsichere Leben wurde noch erschwert durch die Tatsache, kein elektrisches Licht zu besitzen, so dass die Petroleumbeleuchtung auch nicht annähernd das Tageslicht ersetzen konnte. Deshalb tasteten sie sich auch diesen Abend wieder sehr früh die Treppe hinauf in den ersten Stock des kleinen aber massiv gebauten Einfamilienhauses, wo sich ihre Schlafkammern befanden. Auch der Wind schien alle Kräfte aufzubieten, um die Bewohner vom Schlaf abhalten zu wollen, als sei er zum Vorboten unglücklichen Geschehens bestimmt.

Heiner, der dreizehnjährige Sohn der Familie, lag mit offenen Augen auf seiner Schlafstatt. Unwillkürlich drängten sich ihm die Erinnerungen des Vortages auf. Da war das unverhoffte Erscheinen des sowjetischen Soldaten, der plötzlich vor der Gartentür stand und Zutritt in das Haus forderte. Nachdem ihm Wasser gereicht werden musste, inspizierte er die räumlichen Verhältnisse und nahm die Gelegenheit wahr, die sehr ansehnliche junge Frau - sie wohnte zur Zeit mit im Haus, in Augenschein zu nehmen. Dieses mit großem Interesse und sichtlicher Begierde. Sie hatte es versäumt, sich rechtzeitig zu verbergen. Große Erleichterung erfasste alle, als er das Haus wieder verließ, ohne mit Gewalt menschenunwürdige Interessen durchsetzen zu wollen.

Aber noch ehe Heiner vom Schlaf überrascht wurde, bereute er fast, dem Wunsche seiner Mutter nicht nachgekommen zu sein, das im Nebenzimmer stehende Akkordeon etwas unauffälliger und sicherer platziert zu haben. Ein plötzlich auftretendes Geräusch schreckte ihn bald wieder aus seinem Schlaf. Ruckartig richtete sich sein Oberkörper im Bett auf, und er lauschte mit großer Anspannung.

An der Haustür ertönten energische Klopfzeichen! Wer sollte jetzt noch Einlass begehren? Zwischen 22 und 6 Uhr war der Aufenthalt außer Haus unter Androhung der Todesstrafe verboten. Es konnte nur ein ungebetener Gast sein! Das Klopfen wiederholte sich, wurde immer eindringlicher und fordernder. Der Einlass Begehrende untermauerte sein Ansinnen jetzt noch mit einem in gebrochenem Deutsch artikulierten „Frau aufmachen!«

Wie einer Erleuchtung gleichkommend verstand Heiner jetzt die schreckliche Angst seiner Mutter und ihre oftmaligen Ermahnungen an die junge Frau, sich niemals vor sowjetischen Besatzern zu zeigen. Als ihn noch die Frage quälte, ob die Haustür schwerer aufzubrechen sei, weil sie nach außen sich öffnete, hörte er bereits Glas splittern. Das musste das Flurfenster direkt neben der Haustür sein ... dachte Heiner. Auch so konnte man von außen wahrscheinlich bequem an den Haustürschlüssel gelangen und dann aufschließen? Wie ein Blitz durchfuhr ihn diese Erkenntnis. Hatten wir wieder vergessen, den Schlüssel abzunehmen? Aber da ertönten nun Angst einflößende, polternde Laufgeräusche von schwerem Schuhwerk die Treppe herauf bis an seine Tür, hinter welcher er lag.

Hart wurde die Türklinke betätigt ... Die Tür war verschlossen ... Wieder ertönte des Fremden Stimme, jetzt schon erschreckend nah, entschlossener, drohender „Frau aufmachen!«

Als die dröhnende Aufforderung verhallt war, da splitterte die Glasscheibe im obersten Teil der Tür. Der Fremde zog sich an der Tür hoch, der Strahl einer Taschenlampe erfasste den Jungen in seiner Schlafstätte. Nun überwältigte ihn vollends die Angst! Von der Absicht sich unter der Bettdecke zu verbergen, ließ er ab. Einer Eingebung folgend, zeigte er jetzt ganz bewusst seinen Kopf und war beinahe etwas erleichtert, männlichen Geschlechts und dem kindlichen Alter noch nicht entwachsen zu sein.

Als eine persönliche Aufforderung an Heiner, zu öffnen, keinen Widerhall fand, begab sich der Einbrecher schnellen Schrittes nach unten, um sogleich wieder herauf gestürzt zu kommen. Sein Körper prallte mit aller Macht gegen die Tür, so dass sie augenblicklich mit lautem Krachen nachgab. Dann noch wenige Schritte, und er stand keuchend vor Heiners Bett.

Die Angst ließ den Jungen fast erstarren. Aus seinem Körper schien jegliches Leben zu weichen. Wie betäubt lag er angesichts der ihm drohenden Gefahr in seinem Bett. Wieder traf ihn der Lichtkegel der Lampe, dabei beugte sich der Fremde über ihn. Heiner schloss die Augen ...

Der Mann zögerte, die Sekunden wurden zur Ewigkeit ... Aber dann wendete er sich ab!

Heiner schaute ihm nach und erkannte seine Bekleidung. Er trug eine Uniform! War es der ungebetene Gast vom Vortag? Jetzt war das Kind etwas erleichtert, nicht mehr im Mittelpunkt des Geschehens zu stehen.

Der Besatzer schickte sich aber nun an, die nächste Tür auf seine brutale Weise zu öffnen. Im übernächsten Raum, welcher nicht abgeschlossen war, befand sich das Schlafzimmer Heiners Mutter und seine kleine Schwester. Nun musste er um sie bangen, jetzt ging es um beider Schicksal. Voll Verzweiflung dachte er an das ohnehin schon aufopferungsvolle Leben seiner Mutter, den kaum überwindbaren Verlust ihres Mannes, ganz auf sich gestellt zu sein mit dem großen Grundstück, dem Haus, des Überlebenskampfes mit den Kindern. Nun musste sie auch noch ein ähnliches Schicksal erdulden wie die junge Braut in ihrer Gegend, die von russischen Soldaten auf brutalste Weise überfallen und misshandelt worden war.

Als die nächste Tür aufgebrochen wurde, hielt Heiner den Atem an ... geschah auch etwas mit seiner Schwester? Jetzt wurde unsanft die unverschlossene ·Tür des Schlafzimmers auf gestoßen ... Der Junge erwartete nun die Schreie seiner Mutter, einer sich verzweifelt wehrenden kleinen Frau. Beim Gedanken an diesen ungleichen Kampf überkam ihn eine entsetzliche Hilflosigkeit, sein Herz raste wie wild vor Aufregung und die Sekunden, die Zeit schien, stehenzubleiben ... Aber unerklärlicherweise blieb alles ruhig. Nichts von dem Erwarteten geschah ...

Jetzt schwang ein verlorener hoher Ton seines auf dem Tisch, gleich an der Tür griffbereit stehenden wunderschönen großen Akkordeons durch ·die dunklen Räume. Gleich darauf stampften die schweren Schritte des Soldaten am Bett des verängstigten Jungen vorbei, die Treppe hinunter. Eine unerwartete trügerische Ruhe breitete sich nun aus ... Heiner umgab plötzlich eine gespenstisch anmutende Totenstille ...

Das entfachte eine fürchterliche Angst um seine Mutter. Er verließ das Bett und tastete sich so schnell wie möglich in der Dunkelheit in ihr Schlafzimmer und suchte sie. »Zuerst muss ich das Bett absuchen«, sagte er sich. Es war leer. Zunächst fand er seine Schwester, sie lag ganz regungslos da. Dann wurde der Fußboden abgetastet. Seine Mutter war nicht zu finden. Was war mit ihr geschehen? Erst leise, dann immer lauter rief er nach ihr. Er erhielt aber keine Antwort. Auch kein sicheres Versteck war ihm hier oben bekannt und eine Flucht aus dem Fenster? Nein! Das war doch viel zu hoch. Ganz ratlos, so dastehend, drang plötzlich ein heftiges Stimmengewirr an sein Ohr. Es kam aus der Richtung der entfernt wohnenden Nachbarn. Der Lärm näherte sich immer mehr seinem Elternhause. Völlig irritiert bewegte er sich vorbei an den aufgebrochenen Türen, die Treppe hinunter, durch die Scherben des zerstörten Flurfensters. Jetzt musste die Haustür zu fühlen sein ... sie stand offen - der Schlüssel fehlte. Hier hielt er erschöpft inne und wartete. Die schreienden Menschen näherten sich tatsächlich auf dem schmalen Weg, welcher zum Hause führte. Aber was sollte das bedeuten? Kam eine neue Gefahr auf ihn zu?

Nach einiger Zeit glaubte er, die Stimmen seiner Nachbarn zu erkennen ... dann auch die Umrisse der Personen! Ihm näherte sich ein gar seltsamer, ungewöhnlicher Zug ...

Die Nachbarin, Anne, schwang einen schweren Knüppel über dem Kopf und trug Männerkleidung. Ihr Mann führte eine brennende Stalllaterne mit sich und war bewaffnet mit einer Mistgabel. Sein Sohn unterstützte lautstark den Aufmarsch. Auch die vierte Person beleuchtete die ganze Szenerie. Heiner glaubte, seinen Augen nicht zu trauen, und sein Herz hüpfte ihm vor Freude bis zum Hals ... Er erkannte seine Mutter. Gerade bückte sie sich, um eine am Weg liegende und noch brennende Taschenlampe aufzuheben. Schlagartig verstummte das Kriegsgeschrei und jemand sagte: »Das muss seine Lampe sein. Die hat er in der Eile verloren. Der Einbrecher ist geflüchtet, unser Lärm hat ihn vertrieben.«

Das klang auch für Heiner wie eine Erlösung, wie die Entwarnung nach einem gefährlichen Fliegeralarm während des Krieges. Als er nun noch den zu Hilfe geeilten Nachbarn und seiner Mutter unverletzt entgegeneilte, war die Freude und Erleichterung bei allen Beteiligten groß. Dann begaben sich alle rasch ins Haus in die obere Etage, um zu Heiners Schwester Grit zu gelangen. Sie lag scheinbar friedlich in ihrem

Bettchen und schaute mit angsterfüllten Augen in die über ihr schwebende Stalllaterne.

Ihr war nichts geschehen. Beim Hinuntergehen schaute Heiner besorgt auf den Tisch, auf dem sein Akkordeon stehen musste, das ihm so sehr ans Herz gewachsen war. Aber der Platz war leer. Wieder unten angelangt, öffnete sich gespenstisch langsam die Tür der Parterrewohnung. Alle Beteiligten richteten erschrocken ihre Lampen auf diese Tür. Es erschien die junge Mitbewohnerin. Die Angst hatte sie die ganze Zeit an ihr Bett gefesselt. Ein besonders umsichtiger Schutzengel musste seine Flügel über sie ausgebreitet haben.

Bei aller Freude über den trotz allem noch glimpflichen Ausgang des Geschehens musste die kleine Familie jedoch feststellen, dass sie nun in diesem Haus, einem Haus mit nicht mehr verschließbaren Türen, schutzloser denn je war. Die hilfsbereiten Nachbarn überließen sie jedoch nicht ihrem Schicksal, sondern führten sie in die Obhut ihres Hauses, wo die Türen ihrer Funktion noch gerecht waren.

Aber Heiner fand keine Ruhe. Es erschien ihm alles wie ein Wunder. Wie hatte sich seine Mutter Erni vor dem Zugriff des sowjetischen Besatzers retten können? Am gleichen Abend hatte auch Heiners Mutter Mühe, sich dem Schlaf hinzugehen. Besonders bewegte sie das Schicksal der kürzlich erst verheirateten jungen Frau. Sie selbst war in einer beinahe noch gefährlicheren Situation. Es versetzte sie in entsetzliche Angst, völlig allein auf sich selbst gestellt zu sein in diesem Haus. Dann noch der unverhoffte „Besuch« des Soldaten gestern. Es musste doch fast einer Einladung gleichkommen, weit ab von der Stadt zwei schutzlose junge Frauen zu wissen, als sichere Beute. Deshalb sagte sie sich: Du musst auf der Hut sein! Schon beim ersten Klopfzeichen an der Haustür sprang sie behände aus dem Bett und bediente sich ihrer schon für den Notfall bereitgelegten Kleidungsstücke. Mitten in dieser Tätigkeit hielt sie plötzlich inne und fragte sich: Soll ich meine Kinder ihrem Schicksal überlassen? Ist das richtig, mich in Sicherheit bringen zu wollen, ohne sie? Aber der Fremde suchte doch die Frauen, was sollte er von den Kindern wollen? Inzwischen galten die Russen als kinderfreundlich, das beruhigte sie etwas. Die panische Angst trieb sie automatisch voran. Als dann der Mann die Treppe herauf polterte, sah sie nur den einzigen Fluchtweg durch das Fenster auf das dort befindliche Vordach des Hauses.

Dort stand sie nun. Es war stockfinster, und der starke Wind schob ihren Körper so zur Seite, als wollte er ihr helfen, nach unten zu gelangen. Ein Sprung in die ungewisse Tiefe? Nein, sagte sie sich! Vor Angst zitternd, bewegte sie sich nach vom zur Dachrinne. Todesmutig glitt ihre schlanke Gestalt mit den Beinen voran zum Fallrohr, an diesem soweit hinunter, bis sie an der Dachrinne hängen konnte. Das verkürzte die Fallhöhe. Sehr lange konnte sie sich hier nicht halten. Sie fühlte, wie ihre Kräfte schwanden. Deutlich vernahm man jetzt, wie die Tür aufgebrochen wurde. Nun musst du loslassen ...

Es war ein Fall in eine ungewisse Tiefe. Hart war der Aufprall. Die Beine schmerzten sehr und auch ihr Kopf schlug auf den harten Boden auf. Aber nur ein Gedanke beherrschte sie. Ich darf ihm nicht in die Hände fallen ... Hinweg vom Ort des grausamen Geschehens, an dem Sie nicht gewillt war, die Hauptrolle zu spielen. Wie ein gehetztes Wild stürzte Erni durch den Garten zur Straße. Vergeblich hatte sie in ihrer großen Not versucht, den nur einen Meter hohen Zaun zum Nachbargarten zu überwinden. Aber nun wurde der doppelt so hohe Drahtzaun förmlich übersprungen, angesichts der Gefahr, doch noch entdeckt zu werden.

Wen sollte sie um Hilfe bitten? Automatisch trugen sie ihre Füße mehrere einhundert Meter bergan weiter zu den Nachbarn. Ob diese erreichbar waren und auch bereit zu helfen? Ihre Gedanken wanderten wieder zu den Kindern. Wie überstand die junge Frau im Haus die gefährliche Situation?

Inzwischen war Erni angekommen. Im Nachbarhaus brannte kein Licht. Verzweifelt pochte sie erst leise, dann immer heftiger an der schweren Eichentür. Das Warten wurde zur Ewigkeit. Endlich, im Flur flackerte unruhig eine Petroleumlampe auf.

Die Nachbarin Anne öffnete verwundert. Keuchend brachte Heiners Mutter die Worte hervor: »Helft mir um Gotteswillen - ein Russe demoliert mein Haus. Ich konnte gerade noch fliehen. Meine Kinder ...!«

Ergriffen vom Zustand der Hilfesuchenden und dem dramatischen Geschehen waren die Nachbarn sofort bereit zu helfen. Es war ein heikles Unterfangen, gegen einen Besatzer ins Feld zu ziehen, in der strengstens verbotenen Ausgangssperre und dem Verbot von Menschenansammlungen innerhalb des verhängten Ausnahmezustandes.

Mit den spontan, zur Abschreckung des Einbrechers rasch gefundenen Gegenständen, machten sie sich nun lautstark auf den Weg in Richtung Ernis Haus.

Der weitere Verlauf des Geschehens ist bekannt. Heiners Gedanken kreisten noch oft um das beherzte Handeln seiner Mutter. Das gab den Kindern Mut und machte ihnen Hoffnung für die schwere Zeit, welche noch vor Ihnen liegen sollte. Die kleine Familie musste nun aus Sicherheitsgründen ihr Zuhause aufgeben. Sie fanden Zuflucht bei Verwandten in einer Gasse der Stadt. Tagsüber durfte ihr Haus aber nicht unbewohnt sein, damit umherstreifende Banden sich nicht festsetzen konnten, wie es bereits Bewohnern eines abseits in den Feldern gelegenen Gehöftes ergangen war.

Befreit von der Last der Angst, der Unsicherheit mit einem schon lange nicht mehr erlebten Gefühl der Geborgenheit, suchten sie eines abends wieder die Schlafkammer ihres Nachtasyls auf. Da drang ungewöhnlicher Lärm von weitem an ihr Ohr, und sie fragten sich, wer so kurz vor dem lebensgefährlichen Ausgehverbot noch auf der Straße weilte.

Die Geräusche kamen aus der oberen Hauptstraße. Bald wurden sie deutlicher und kamen ihrer Gasse bedrohlich näher. Jetzt hallten schwere schnelle Schritte, als würden sich Menschen in größter Eile befinden. Es klang auch wie Stiefel, denn die Schritte hämmerten hart und unerbittlich auf dem mittelalterlichen Kopfsteinpflaster. Bald war die Hetzjagd in die Nähe ihrer Unterkunft gelangt ... da verstummten die Laufgeräusche plötzlich.

Heiner beschlich wieder der schon so oft erlebte Zustand angsterfüllten Erwartens von, für sein Alter kaum zu verkraftenden Geschehnissen. Nun lauschte er mit all seinen Sinnen. Jetzt hörte man das Rauschen von Kleidern, ähnlich wie bei einem Handgemenge, und die verzweifelte Stimme einer Frau, sie flehte: »Nein, bitte nicht!« ... Ein erstickender Schrei durchbrach die Finsternis ... Dann trat Ruhe ein. Nur der Mensch mit dem schweren Schuhwerk war noch zu vernehmen, wie er sich mit nicht mehr so auffälligen mehr schleichenden Schritten entfernte, als sei er ein anderer geworden.

Die Dunkelheit der Nacht spannte seine Flügel über das Unglück verheißende Geschehen in der schmalen Gasse. Auch der Schlaf konnte in dieser Nacht Heiner nicht in friedlichere Gefilde führen. Schwere Träume ließen ihn mehrmals aufschrecken.

Am anderen Morgen trat Erni mit ihren Kindern unsicheren Schrittes vor das Haus. Die beängstigenden Geräusche des vergangenen Abends bestimmten noch ihre Gedanken. Eine kalte, unangenehme Luft umgab sie. Die Gasse war menschenleer und fremd. Von dem kleinen Ausschnitt des Himmels, welchen sie sehen konnten, drohten tief hängende Wolkenfetzen. Der aufstrebende Tag kämpfte noch mit der Nacht um die Vorherrschaft. Forschend richteten sich die Blicke von Heiners Mutter auf ihre unmittelbare Umgebung. Auch der Junge suchte nach Spuren des Geschehens. Nach einigen Schritten zeigte seine kleine Schwester Grit vehement auf einen großen, schon etwas eingetrockneten roten Fleck auf dem Pflaster, zu dem eine meterlange dünne Spur führte.

Heiner überkam eine Eiseskälte und er begann, sichtbar zu frieren.

Grit suchte seine Hand, ergriff sie, hielt sich an ihm fest und schaute ihn fragend an.

Ernis Blick verriet Betroffenheit, aber plötzlich fasste sie entschlossen ihre beiden Kinder an der Hand, beschleunigte ihre Schritte und zog diese mit sich fort. So gingen die Kinder dicht an der Seite ihrer Mutter, und Heiner spürte deutlich die Kraft und Geborgenheit, die sie ihren Kindern gab. Heiner blickte noch einmal zurück, da stand am anderen Ende der Gasse eine wunderschöne, feierlich anmutende, aber auch im Grau des Morgens gespenstisch wirkende schwarze Kutsche mit zwei Pferden. Auf dem Kutschbock saß eine festlich gekleidete dunkle Gestalt.

Alles schien in unwirklicher Bewegungslosigkeit zu verharren. Dem Jungen schauderte es. Wo mochte diese Reise hinführen und wo mochte sie enden?

Tino Käsemann

Tino Käsemann wurde 1975 in Mühlhausen geboren. Aufgewachsen in Altengottern, zog er 1985 nach Mühlhausen! Hier begann er 1992 eine Ausbildung zum Krankenpfleger. Heute arbeitet er in der Psychiatrie. In seiner knappen Freizeit liest er Gedichte und authentische Bücher, schreibt Essays und Gedichte.

Seit Herbst 2015 ist er Mitglied im Autorenkreis »Luis Fürnberg«.

Das Feuer meiner Seele

Das Feuer meiner Seele scheint erloschen,

ertränkt vom Regen der auf das Taxi fällt.

Rauchend fahren wir die menschenleere Allee entlang.

Mein Kopf leer, ausgehöhlt, dumpf.

Ich fühle mich seltsam schwebend.

Die Musik entführt mich

an einen Ort der Freiheit.

Frei

Die Scheibenwischer wischen den Regen wie Tränen
von meinem Gesicht.

Zigarettenrauch saugt der Fahrtwind durch einen
Spalt nach draußen.

Meinen Kopf ans Fenster gelehnt, leer, ausgelaugt,

fühle ich mich dennoch schwerelos.

Massive Bauten auf der breiten Allee, deren Lichter
einer Startbahn gleichen,

geben mir das Gefühl abheben zu können.

Frei schwebend, ohne zu denken.

„Abschied"

Ein Abschied auf Zeit? Oder ein Abschied für immer?
Gefangen in den Träumen der Vergangenheit, gehen
wir einer ungewissen Zukunft entgegen.
Vergessen, wir leben im Hier und Jetzt.
Den Augenblick genießen, Ruhe finden in sich selbst.
Mal wieder mit den Augen eines Kindes sehen.
Die Welt betrachten, wie sie wirklich ist.
Bunt und schön.

Heinz-Georg Günther

 Heinz-Georg Günther wurde 1943 in Mühlhausen geboren. Er besuchte hier die Schule, absolvierte nach einer Facharbeiterausbildung das Studium an der Fachhochschule für Chemie in Fürstenwalde und arbeitete bis zum Renteneintritt in Bereichen der Forschung und Entwicklung.

Er ist verheiratet und hat zwei Kinder. Seine Hobbys sind Flugmodellsport, Schießsport, Fotografie sowie Hund und Garten.

2014 begann er mit dem Schreiben vorzugsweise satirischer Gedichte sowie satirischer Beiträge und trat 2017 dem Autorenkreis bei.

Mühlhäuser Allerlei

Das Auto darf jetzt kurz verschnaufen,
die Frau will schnell mal etwas kaufen.
Zum Weiterfahren stets bereit,
der Knöllchenmann der ist nicht weit.

Auf den Verkehr muss man nicht achten
und kann die Leute mal betrachten.
Was da alles läuft vorbei,
das ist Mühlhausen's Allerlei.

Ein Muskelprotz, stark tätowiert
läuft ständig rum in dem Geviert.
Dann kommen an mit Rollatoren
die etwas älteren Senioren.

Doch Senioren gibt es auch,
in Adidas und ohne Bauch.
Elastisch kommen sie daher,
als wenn das Alter gar nichts wär.

Jetzt kommt was Junges angequollen,
um den Körper lauter Rollen.
Das schwabbelt um die Hüften rum,
die Beine die haut keiner um.

Ein Kinderwagen ringsum Rauch,
die Frau schiebt ihn mit ihrem Bauch.
Die Zigarette dauernd quälen,

dazwischen noch am Handy wählen.

Das Kind mit Schnuller ruhig gestellt,
das scheint so dieser Muttis Welt.

Dazwischen gut gestylte Damen,
die Highheels sprengen jeden Rahmen.
Sie kippeln auf dem Holperpflaster,
immer Angst vor dem Desaster.

Knapp geschnitten ist der Dress,
die Blicke selbstbewusst und kess,
die Brüste quetschen obenaus,
als wollten sie zum Ausschnitt raus.

Heran naht nun mit feinem Tuch
ein Mann wie aus dem Bilderbuch,
im Anzug, Schlips und weißem Hemd,
die Mappe untern Arm geklemmt.

Meister Wichtig könnt´ man sagen.
Nach der Mission kann man nicht fragen.
Der Nächste rennt nun schnell vorbei
in dem Mühlhäuser Allerlei.

Jack Wolfskin's Tatzen auf der Jacke
läuft er im Sonnenlicht Attacke.
Die Schuhe mit den weißen Sohlen,
die hat die Werbung ihm empfohlen.

Glatzköpfig und mit feistem Nacken,

breite Schultern, Lederjacken
kommen zwei Gestalten an.
Jeder zeigt, was er so kann.

Ein schlanker Jüngling dann zuletzt,
er kommt ein wenig angehetzt.
Die Spannung ins Gesicht geschrieben,
er scheint von irgendwas getrieben.

Die Frau kommt vollgepackt herbei.
Die Wartezeit ist nun vorbei.
Interessant war es zu seh'n,
was alles so für Leute geh'n.

Am Strand der Ostsee

Es ist schon warm, die Sonne lacht.
Zum Strand geht's jetzt mit aller Macht.
Der Himmel blau wie blank gekehrt,
der Strand ist heute unversehrt.

Denn Sturm und Wellen voll Gelüste
nagen ständig an der Küste.
Nun geht's mit Hund am Ufer lang.
Im Wasser leuchten Steine blank.

Ein wunderbares Farbenspiel,
der Steine Muster gibt es viel.
Unterwegs sind manche Leute
mit viel und auch mit wenig Beute.

Jetzt kommen weiß gestylte Damen.
Die Strandgarderobe sprengt den Rahmen.
Eingehüllt in Deoduft
schnappen sie nach Meeresluft.

Ein laut Gespräch dringt an mein Ohr.
Ich komm mir fast als Lauscher vor.

„Es ist doch wunderschön im Osten
und das bei moderaten Kosten.
Vor allem hat man ständig Flut.
Das tut uns allen richtig gut.
Auf Sylt sind viele Prominente

und Leute mit sehr hoher Rente.
Ich hatte dort an diesem Strand
nen Goldfisch fest in meiner Hand.
Leider verstarb er kurz darauf,
durch Erbschaft wuchs mein Konto auf.
Ein Entschluss der steht nun fest:
Hier baue ich mein neues Nest!
Dann such ich mir nen Ossimann,
der kernig ist und alles kann.
Danach leb ich an dieser Küste
und nichts, was ich noch besser wüßte."

Die Ostsee strahlt in neuem Lichte
mit dieser kleinen Strandgeschichte.
Im Osten geht die Sonne auf!
Jetzt kommt auch mancher Wessi drauf.

Heuchelei

Ich konnte Onkel Paul nie leiden.
Doch um jeden Streit zu meiden,
gab's von Mutter klare Worte,
zu folgen ihr an diesem Orte.

„Lächle und sei lieb zu Paul,
sonst gibt's eine auf das Maul!"

Schon diese frühe Offenbarung
war eine wichtige Erfahrung.
Es ist nicht immer klug zu zeigen,
wohin sich die Gedanken neigen.

Die Hundeausstellung

In Menschenmassen mittendrin
schiebt man sich zur Kasse hin.
Sie kommen mit und ohne Hund
und tun so ihr Interesse kund.

Den Gang entlang zu den drei Hallen,
man alles tut, um zu gefallen.
Die ganze Hundewelt ist hier,
mit kleinem und mit großem Tier.

Wehrhafte Riesen schüchtern ein,
andre sind da winzig klein.
In den Ringen alle Klassen,
die sich hier bewerten lassen.

So verschieden wie die Hunde
sind auch die Richter in der Runde.
Kleine, Große, Dicke, Schlanke
sitzen hinterm Tisch als Schranke.

Sie kommandier'n die Züchter rum:
„Nun lauft mal schnell im Kreis herum!"
Die Züchter traben mit den Hunden
ein und zwei und noch mehr Runden.

Die Bäuche und die Busen schwingen,
ein guter Platz muss doch gelingen!
Zwei Richter kommen jetzt heran,

sehn sich die Hunde näher an.

Nicht das Fell und Zähne nur,
auch den Eindruck und Statur.
Zuvor hat Züchter selbst entzückt
nochmal die Beine gradgerückt.

Kopf und Schwanz leicht angehoben,
den Körper noch leicht vorgeschoben.
Bereit zum finalen Richterblick
hofft man auf das Platzierungsglück.

Nach Beratung durch die zwei
steh'n fest die Plätze eins bis drei.
Jetzt hat man alles schwarz auf weiß,
den Freifahrschein zum guten Preis.

Den ersten Platz hat wie gedacht
der mit dem Siegerblick gemacht.
Am Nachmittag nimmt ab der Trubel,
verhallt ist auch der letzte Jubel.

Schön war es, wieder zu erleben,
was Hunde so den Menschen geben.

Der Hundespaziergang

„Das Wetter sieht ja scheußlich aus.
Wer geht denn mit dem Hunde raus?"
„Komm her, lass mich das heute machen,
ich hab doch regenfeste Sachen."

Ein Stückchen raus aus dieser Stadt,
bis frei Natur man um sich hat.
Dort trifft man öfter schon Bekannte,
so gut, als wären's Anverwandte.

„Hallo Herr Meier; heut im Regen?"
„Egal wir müssen uns bewegen!"
„Wie geht's denn Hundi's wunden Pfoten
und kann er wieder richtig koten?"

„Dank schwarzer Salbe geht es fein.
Der Doktor wollt' nen großen Schein.
Der Hund der ist mir lieb und teuer,
die Preise doch sind ungeheuer.

Hundert Euro für die Leine!
Hausrabatte gab es keine.
Die ist aus reinem Büffelleder.
Sowas hat auch halt nicht jeder."

Die Hunde haben sich beschnüffelt,
und wir haben uns ausgerüffelt.
„Tschüss dann, bis zum nächsten Mal

bis wir uns treffen wieder mal".

Der Regen der ist gleich vorbei.
Da hinten wird es wolkenfrei.
Der Luchs hält inne, schaut voran.
Das nächste Treffen bahnt sich an.

Denn einer Dame läuft voraus
ein kleines Etwas mit Gebraus.
Der Zwergbulldogge breite Brust
prallt auf in voller Lebenslust.

Voll auf den Luchs, mir wird schon bange.
Sie kennen sich jedoch schon lange,
so dass die kleine Neckerei
ohne Konflikt ist bald vorbei.

„Komm Luchs wir wollen weitergeh'n!"
Das Wetter ist jetzt wunderschön.
Doch dann geht es den Weg zurück.
Zu Hause wartet Hundeglück.

Ein Napf voll Hundeköstlichkeiten
soll nach dem Mahl den Schlaf bereiten.
Ausgetobt und sattgefressen
lässt um sich rum alles vergessen.

Auf dem Friedhof

Ob arm oder ob superreich,
hier auf dem Friedhof sind sie gleich.
Tief in der Erde mag das sein,
doch obendrauf gibt's groß und klein.

Besonders seit der Gründerzeit
gab's Monumente groß und breit.
Sie folgten der Familiengruft
und standen dann in freier Luft.

Inzwischen sind sie meist vergessen.
Der Reichtum wird jetzt neu vermessen.
Ob hoch bezahlt und lang betitelt
oder anders recht bemittelt.

Auch nach vielen langen Jahren
soll die Nachwelt noch erfahren:
Wer hier begraben liegt, hat meistens
auch recht Bedeutendes geleistet.

Polierte Steine, Topdesign
geht allen in die Sinne ein.
Doch oft sieht es auch anders aus.
Nach Jahren bleibt die Pflege aus.

Viel Efeu hat es zugedeckt,
was vorher aussah wie geleckt.
Das Erbe ist schon lang verteilt

und die Besitzer sind enteilt.

Nicht allen Gräbern geht es so.
Man pflegt sie eben gradeso.
Bei andern leuchtet Blumenpracht,
vor Liebe wird sich umgebracht.

Dankbarkeit gemischt mit Trauer,
beides ist oft nicht von Dauer.
Freude sollte man bereiten,
vor allem noch zu Lebenszeiten.

Die Treppe

Mit schwerem Schritt die Treppe rauf,
der Stufen Zahl die nimmt kein Ende.
Früher war er besser drauf.
Das Alter brachte nun die Wende.

Damals war'n zwei Stufen eine.
Die Treppe dann im Nu erklommen.
Hindernisse gab es keine.
Alles ward im Sturm genommen.

„Tu nicht so, als geht nichts mehr
und streng dich mal ein wenig an!
Das ist doch wirklich nicht so schwer,
sonst kommst du niemals oben an.“

„Junger Freund, nun halt mal ein
und lass die lose Spötterei.
Auch du wirst einmal älter sein,
dann ist es mit dem Spott vorbei.“

Das Hobby

Ein richtig Hobby braucht der Mann,
damit er sich entspannen kann.
Denn das, was ihm Entspannung schafft,
verhilft ihm dann zu neuer Kraft.

Die Auswahl die ist riesengroß.
Was für ein Hobby mach ich bloß?
Steine sammeln und polieren,
mit Sangesbrüdern jubilieren,

Modellflugzeuge in den Lüften,
Bergsteigerei in steilen Klüften.
In frischer Luft in Wald und Feld,
Wandern ist des manchen Welt.

Beim Fehlen solcher Sportlichkeit
ist Sammelleidenschaft nicht weit.
Auch die kleine Eisenbahn
hat's manchem Bastler angetan.

Fotos machen, weit verbreitet,
wird oft als Hobby ausgeweitet.
Mit Bildern aus der Lebenswelt
wird festgehalten, was gefällt.

Es lässt uns später nacherleben,
was wir gesehen noch grade eben.
Digital bleibt es erhalten

und lässt sich trefflich dann verwalten.

Egal, was man sich auserwählt,
ein Hobby ist es, was hier zählt.
Betreiben darf man's nicht verbissen,
es soll doch sein ein Ruhekissen,
Erholung und ein Quell der Freude,
in dem man Kräfte nicht vergeude.

Elke Felke

 Elke Felke wurde 1942 in Mühlhausen in Thüringen geboren. Ihre Kinder und Jugendzeit verbrachte sie in Leipzig. 1963 kehrte sie in ihr Elternhaus zurück.
Von 1969 bis 1997 arbeitete sie im Schulhort. Am Institut für Lehrerbildung- Weimar erwarb sie die Qualifizierung als Horterzieherin und die Lehrbefähigung für die Fächer Werken und Kunsterziehung. Sie arbeitete viele Jahre als Hortleiterin. In ihrer pädagogischen Arbeit erteilte sie Zeichenunterricht, schrieb Kinderlieder und kleine Theaterstücke.
Ihre Hobbys sind Töpfern, Malen und Fotografieren.
Im Rentenalter begann sie, ihre eigenen Gedanken in lyrischer Form festzuhalten. In den letzten neun Jahren nahm sie an den Lyrik-Projekten der "Bibliothek deutschsprachiger Gedichte" teil und fand immer Anerkennung mit Veröffentlichungen in den Anthologie-Buchausgaben.
2015 trat sie dem Mühlhäuser Autorenkreis bei und ist dankbar für den gemeinsamen Gedankenaustausch.

Einsame Gedanken

Einsame Gedanken
sind stumme Worte,
vorhanden
jedoch allein.

Einsame Gedanken
sind gefangene Seelen,
verborgen
auch wenn sie schreien.

Steh auf und schreib

Ich liege ich wach, meine Gedanken fliegen durcheinander wie die Perlen einer geplatzten Kette. Ich muss sie auffangen und aneinanderreihen, denn ich weiß, am nächsten Morgen sind sie alle auf und davon.

Eine innere Stimme befiehlt mir: »Steh auf und schreib!« Und so wird ein leeres weißes Blatt Papier zu meinem zwar stummen, aber geduldigem Freund.

Erst wenn ich alles aufgeschrieben habe, was mich bewegt und sich mein Körper langsam wieder erwärmt, schlafe ich endlich ein, so, als könnte Schreiben befreien!

Ich kann meine Gedanken loslassen und weiß, sie sind trotzdem gut aufgehoben.

So wie man sagt, dass die Sprache die materielle Hülle der Gedanken ist, wird durch die Schrift der Geist zur Materie.

Frühlingsmorgen

Sonne leckt
mit rauer Zunge
Raureif dampfend
von den Dächern,
schluckt den letzten
alten Schnee.
Licht spiegelt sich
in rinnenden Tropfen
wie in Abschiedstränen
des Winters.
Es duftet nach Frühling,
er streichelt liebkosend
die kalte Flur,
weckt Leben
in gefrorener Erde.
Nun startet erneut
der ewige Wettlauf
zwischen der Zeit
und dem Zauber
der Natur.

Träume

In jungen Jahren
werden Träume geboren,
wachsen und reifen
doch ehe wir die Zeit begreifen,
gehen sie verloren.
Die uns ein Leben lang
begleiten und sich erfüllen
sind Kostbarkeiten.

Du und ich

Gefangenschaft
von Körper und Seele
gelobte Zweisamkeit
in den Wirren des Alltags
in der Schönheit des Augenblicks
Gemeinsam in eine Richtung schauen
aus Stolpersteinen Brücken bauen
Geben und Nehmen, Weinen und Lachen
zwischen Träumen und Erwachen.
Du und ich
Gratwanderung des Glücks

Erdrückende Liebe

Knöterich und Kletterrose
haben sich verbunden.
Er hält sich an ihr fest.
Seine weißen Blütenranken
haben die Rosen umwunden.
Wilde Triebe im fremden Geäst.
Beide wünschten, dass es so bliebe.
Wer sie sah, war vom Anblick entzückt.
Doch die Rose wurde durch diese Liebe
von seinen Ranken erdrückt!

Glauben, Wünschen ...

Glauben, Wünschen,
Träumen, Hoffen
halten alle Wege offen,
sind jedoch nur Möglichkeiten,
die das wahre Wissen begleiten.
Sie sind Flügel der Gedanken,
bauen Brücken, setzen Schranken,
sind Schimmer, Schein oder Licht,
erhellen das Fenster
der Zuversicht!

Kann später zu spät sein?

Manchmal stelle ich mir vor, mein Leben liegt in einem Buch mit bunten Bildern vor mir.
Ich kann beliebig nachschlagen, wann immer ich will.
Suche ich das Heute, muss ich schon weit über die Mitte blättern.
Das Bild des Augenblicks ist immer das Klarste. Es macht mir bewusst, ich lebe jetzt, und ich muss meine Zufriedenheit festhalten, denn ich weiß unzufriedenes Leben ist verlorene Zeit. Man kann sie nicht wiederholen und später auch nicht korrigieren! Man kann nur versuchen, aus ihr zu lernen.
Blättere ich zurück, so verfliegen die Seiten so schnell, wie die Jahre vergangen sind, wie die Tage vergehen.
Seite für Seite wertvolles Leben!
Das Gute und das weniger Gute aneinandergereiht. Was bleibt, ist die Erinnerung mit der Frage: „Weißt du noch?"
Kind... Fräulein... Frau... Mutter... Großmutter...
Zwischen Menschen, die mir lieb und teuer sind, und denen, die leider schon gehen mussten. Es war schön! Ich bereue nichts, doch ich bin viel zu schnell mit der Zeit gerannt. Das Mitrennen war stets leichter als das langsam Gehen, das Innehalten und an sich selber denken.
Die Bilder, die ich finde, kann man nicht mit Fotografien vergleichen, die den Augenblick festhalten, an Erlebtes erinnern, aber auch ebenso schnell wieder in der Schublade in Vergessenheit

geraten. Meine Bilder kann ich spüren, denn sie sind tief im Herzen und im Verstand gespeichert. Sie haben mich so geformt, wie ich jetzt bin. Ich hab noch nicht alles geschafft, was ich wollte.

Heute muss ich langsamer gehen und die Zeit rennt noch schneller. Doch ich werde nichts mehr auf später verschieben, was mir Freude macht, ohne zu fragen: „Kann später zu spät sein?"

Blättere ich nach vorn, so liegen noch leere Seiten vor mir, doch ihre Anzahl und ihr Inhalt sind ungewiss. Gewiss ist nur, ich muss mit ihnen behutsamer umgehen und Acht geben, dass mich der Alltag nicht überrollt und, dass mir kostbare Zeit sinnlos durch die Finger gleitet, denn ich weiß, auch diese Seiten werden ebenso schnell verfliegen und mein Buch bleibt zu.

Wie recht hat doch Artur Schopenhauer, wenn er sagt: „Vom Standpunkt der Jugend aus gesehen ist das Leben eine ewig lange Zukunft. Vom Standpunkt des Alters ist es eine sehr kurze Vergangenheit."

Schnell dreht sich der Wind

Warme Sonne
am späten Abend
wirft ihr Licht
auf Lebensstufen.
Zufrieden träumt
das Herz in der Stille,
spürt den tiefen Atemzug.
Schnell dreht sich der Wind,
trägt falschen Stolz davon.
Bescheidenheit bleibt,
begleitet den Blick
zum Himmel.
Mit den Wolken
zieht der Sinn des Lebens
vorüber.
Wer war ich gestern?
Wer bin ich heute?
Morgen schon
werde ich wieder gehen.

Sehnsucht nach Wärme

In jedem Jahr,
wenn die Kraniche ziehen
und Herbstgold bedeckt das Land,
schau ich zum Himmel,
schau wie sie entfliehen,
frei und doch im Verband.
Sie ordnen sich ein
mit kräftigen Schwingen,
verlieren und finden sich wieder
dort oben in den endlosen Weiten.
Ich höre ihr Singen,
versteh ihre Lieder,
würde sie so gerne begleiten.

Wenn die letzte Blume blüht

Wenn die letzte Blume blüht,
ist der Frühling lange gegangen,
sind die warmen Tage und Nächte
des Sommers vorüber,
die Früchte des Herbstes geerntet
und das Laub verweht.
Dann bedecken Eis und Schnee
das Vergangene,
doch es bleiben Bilder,
die man im Herzen trägt.

Terror

Terror hat die Nächstenliebe
schon in ihrem Keim erstickt.
In den schönen Garten Eden
hat er Tod und Teufel geschickt!
In den Wolken stecken Geier
ihre scharfen Krallen heraus
und ein großes Ungeheuer
löscht die Seligkeiten aus.
Herzen werden herausgerissen,
Kinder schreien in ihrer Not.
Menschen haben kein Gewissen,
töten um Macht für ihren Gott!

Einundzwanzigstes Jahrhundert

Krieg in Syrien
„Der Schlaf der Vernunft
hat Ungeheuer geboren"
Vergl. Goya 1800

Heimat in Schutt und Asche.
Das Kostbarste verloren.
Die Liebsten sind nicht mehr.
Aus verbrannten Steinen
steigen mit schwarzem Qualm
ihre Seelen in den Himmel.
Die Treppe zum Paradies
errichtet aus toten Leibern.

Im kleinen Garten des Glücks
Mahnt verflossenes Blut
Hölle auf Erden

Oh, Menschen
Was habt ihr getan?
Oh, Mohammed
Oh, Jesus
Oh, Abraham
Seht euch das an!

Was wäre wenn?

Was wäre, wenn
Götter und Propheten der Weltreligionen
Tür an Tür den Himmel bewohnen?
Würden sie sich dort oben vertragen -
oder würden sie sich im Himmel schlagen?

Was wäre, wenn Hinduisten,
Muslime und Buddhisten
gemeinsam mit Juden und Christen
alle das gleiche Ziel nur hätten,
die Erde und die Menschheit zu retten,
ganz ohne Hass und Habgier –
nur Frieden für jeden,
ich würde
beten… beten… beten!

Anonym

Sie sitzen im Boot
dicht an dicht,
senken die Blicke
und schweigen,
lauschen den Wellen,
der schäumenden Gischt.
Nacktes Leben nur
ist noch ihr Eigen.
Der Mond hat eine Straße
der Hoffnung geschickt.
Es ist Nacht und sie
sitzen im Hellen.
Auf der schwarzen Flut
tanzt silbern das Licht,
das alte Boot
kämpft gegen die Wellen.
Es ächzt der Motor und schweigt
er tat seine Pflicht,
die Last war zu schwer.
Sie sinken langsam –
Panik!
Keine Rettung in Sicht!
Sie treiben allein auf dem Meer.
Schnell sind sie vergessen.
Es gibt zu viel Leid!
Was bedeutet Leben
an Geld bemessen?
Das nächste Boot
ist schon bereit!

Flucht über Land

Knirschender Neuschnee
im blassblauen Licht,
verhangener kalter Mond,
endlose Schritte,
den Schmerz im Gesicht
für ein Leben, das sich lohnt.

Kalt die Sterne,
schleppender Schritt,
Blut stockt unter der Haut.
Bilder des Schreckens
ziehen ständig mit,
Kinderweinen wird laut.

Funken der Hoffnung
auf Wärme und Licht,
Fragen an den Verstand.
Fern von der Heimat,
ein Ziel ist in Sicht,
Fremdes, friedliches Land?

Fragen über Fragen

Ich möchte im Jahre 2110
noch einmal in die
Geschichtsbücher sehen.
Wie hat sich die Welt
dann weiter entwickelt,
ist Europa vereint
oder wurde es zerstückelt?
Konnte man wirklich
mit immer mehr Waffen
„Friede auf Erden" schaffen?
Wird die Vernunft
dann immer noch schlafen?
Wird man die Menschheit
per Knopfdruck bestrafen?
Führt man Kriege um Macht
noch im Namen von Gott
und bombt seine Schöpfung
zu Asche und Schrott,
oder ist aller Terror
endlich vorbei?
Atmet die Menschheit
dann wieder frei?
Wie ging Deutschland
in die Geschichte ein?
Wird es Friedensengel
oder Speerspitze sein?
Fragen über Fragen
Die Urenkel sind schlauer,

sollten sie überleben,
wissen wir es genauer!

Christiane Erdmann

Christiane Erdmann wurde am 28.04.1961 in Halle/Saale geboren.
Sie schloss 1983 ein Studium zum Diplomökonom an der Martin-Luther Universität Halle/Wittenberg ab und arbeitete unter anderem als Kulturhausleiterin in Mühlhausen. Derzeit arbeitet sie im Schichtdienst in der Psychiatrie.

Christiane Erdmann ist verheiratet und Mutter zweier erwachsener Söhne.

In ihrer wenigen Freizeit liest und schreibt sie vorwiegend Gedichte, die teilweise in Anthologien veröffentlicht wurden.

Seit 1998 ist Christiane Erdmann Mitglied des Mühlhäuser Autorenkreises „Louis Fürnberg", den sie seit einigen Jahren leitet.

__Begegnung__

Neujahrsmorgen 2009

Blau leuchtender Himmel
trifft im Sehen
kristalline Baumkronen.

Winterlicher Sonnenstrahl
knabbert an
eisgewordener Pfütze.

Unberührte Stille
erschrickt beim
Fall der Schneeflocke.

Weißgefrorener Grashalm
beugt sich unter
knirschendem Schritt.

Ausgesandter Lebenshauch
gefriert zu
phantasiebeladenem Nebel.

Von Zwängen befreiter Verstand
begegnet
totgeglaubtem Fühlen.

Sonnenaufgang im Januar

Rote Glut am Horizont
fesselt sehnsuchtsvollen Blick,
wo die Wintersonne kommt,
erahn ich Paradiesesglück.

Unendlichkeit der Farbenspiele
schickt Träume in ein fernes Land,
vortäuschend zauberhafte Ziele,
wo vorher sich die Nacht befand.

Feuerball am Firmament
verglüht im hellen Tageslicht,
eine Sehnsucht in mir brennt,
das Zauberspiel vergess ich nicht.

Blind date

Schwer beladen
drückt Novemberhimmel
auf die Dächer,
Nebelschwaden
versperren die Sicht
auf den Tag,
hilfesuchend
streckt einzelne Rose
die Blüte in's Grau,
entlaubt
ergeben sich die Pappeln
dem eisigen Wind.
Nur die Krähen
verabreden sich laut schreiend
für den Tag.

Ich

…wäre gern eine Lerche –
würde den Tag singend empfangen,
die Freiheit der Lüfte genießen
und unbekümmert auf den Frühling warten.

…wäre gerne eine Eule –
würde das Dunkel durchschauen,
mich in der Dunkelheit verstecken
und den Tag meiden.

…wäre gern ein Schmetterling –
würde von Blume zu Blume flattern,
mit der Sonne aufstehen
und mich vom Wind treiben lassen.

…wäre gern ein Löwe –
würde furchtlos im Gras liegen,
im Wissen um meine Stärke ruhig schlafen
und laut brüllend mir Gehör verschaffen.

…wäre gern…

ICH bin ein Mensch.

Herbst

Bunt gefärbte Blätter
bedecken Wunden
vergangener Unwetter
Schritte zerteilen Stille
lichtgewordener Wald
gewährt Blick
auf weißblauen Himmel
letzte Sommermelodie
ist gezwitschert
längst sind
Sonne und Kräfte aufgetankt
noch weiß nur der Verstand:
„Der Winter wird kommen"
Ich bin bereit…

Neustart

Nachtbeladene Nebelschwaden
zerteilen die Sicht,
taugetränkte Hainichwiese
durchnässt die Schuhe,
schlaftrunkener Feldhase
verpasst die Flucht,
lebensfrohes Vogellied
vertreibt die Dunkelheit,
morgenklare Wiesenluft
erleichtert das Atmen,
glutroter Sonnenball
erweckt Träume…

Zwei Welten

Wildes Treiben – Narrenzeit,
Bomben fallen in Beständigkeit.
Büttenrede – frohes Lachen,
vor den Schulen stehen Wachen.
Kapellensound – Stimmungslieder,
Krankenhäuser brennen nieder.
Fetenrausch – Ecstasy,
verseuchtes Wasser mit Chemie.
Drachen, Feen, Hampelmann,
Kinderaugen klagen an.
Weit weg der Krieg im fremden Land?
Flugzeugabsturz durch Terroristenhand…

Krieg in Syrien

Bomben fallen
in meine Seele
Feuer zerstört
meine Hoffnung
Explosionen erschüttern
mein Glaube
Kinderaugen lähmen
mein Herz
Entsetzen schnürt
meine Kehle

Wie nah ist der Krieg!

Glück gehabt

(Aus der Arbeit meines Schutzengels)

Der Wecker klingelt. Viel zu zeitig, wie ich meine, aber das wiederholte unnachgiebige Geräusch mahnt mich aufzustehen.

Beine r... Mist! Ich hänge mit meinem Fuß im Bettbezug fest. Strampeln – 2. Versuch. Hoppla – meine Füße landen mit einem kühnen Schwung direkt neben meiner Brille, die offensichtlich heruntergefallen war. Glück gehabt!

Die Morgenpflege verläuft planmäßig, das Toastbrot schmeckt mäßig wie immer um diese Zeit – es ist 5.35 Uhr.

FÜNFUHRFÜNFUNDDREIßIG!?! Oje, seit 10 Minuten müsste ich Richtung Arbeit unterwegs sein. Wieder Glück gehabt, denn ausnahmsweise steht mein Auto direkt vor der Haustür, nicht in der Garage. Diese hat mein Sohn mit seinem Moped plus Zubehör okkupiert.

Meine Fahrstrecke verläuft direkt am Waldrand. Der feuchte Novembermorgen beschert mir ein nebliges Dunkel. Ich kenne die Strecke genau, weiß, wann ich bei welcher Kurve bremsen muss. Eine Vollbremsung mitten auf der Geraden ist daher nicht eingeplant.

Da ein elefantengroßes Reh – so scheint es mir – aber meinen Weg kreuzt, strapaziere ich meinen linken Fuß bis zur Schmerzgrenze. Das ABS rattert und ein leises Zsch... verrät, dass ich das Tier tuschiert habe. Nach einer kurzen Schrecksekunde – von Reh und mir – springt Ersteres weiter und ich fahre zur Arbeit. Mein Auto hat keinerlei Schaden davongetragen. Glück gehabt!

Auch an der Arbeit gibt es einige „Glück gehabt!" Situationen. Die Schere, die vom Schreibtisch fällt, trifft nicht meinen Fuß; die in der Eile vergessene Brotbüchse fällt nicht in's Gewicht, da eine Kollegin ihren Einstand gibt.

Der Arbeitstag geht zu Ende. Ich begebe mich auf die Suche nach meinem Schirm, der aber nicht auffindbar ist. Wahrscheinlich liegt er im Auto, damit er nicht nass wird. Als ich die Arbeitsstelle verlasse, scheint unerwartet die Sonne.
Nach einer kurzen Überlegung, ob ich den regenfreien Nachmittag zu einem Stadtbummel nutzen sollte, befinde ich mich auf Parkplatzsuche. Just in diesem Moment steigt ein älterer Herr in sein Auto, um die Parklücke freizugeben. Glück gehabt!

Ich löse einen Parkschein für 1 Stunde, nicht ahnend, dass ich zufällig einer Freundin begegne und mit dieser Kaffee trinken gehe. Nach 1,5 Stunden treffe ich etwa zehn Sekunden vor der Politesse an meinem Auto ein – Glück gehabt!

Wieder zu Hause habe ich Tasche, Schlüssel und Jacke

abgelegt, als eine Nachbarin an der Haustür klingelt. Sie hat ein Päckchen für mich...

Eine Windböe verursacht Gegenzug und meine Tür schlägt in's Schl... - die Fußmatte, die ein wenig verrutscht ist, klemmt sich dazwischen und ich gehe neugierig auf meinen Päckcheninhalt in mein Haus zurück. Gl.....!

Und so neigt sich auch dieser Tag der Nacht entgegen, ohne, dass mir nennenswerte Schäden entstanden sind.

Manche nennen es „Glück gehabt!", ich nenne es „Schutzengel".

Manchmal hat mein Schutzengel nicht so viel zu tun, manchmal aber auch viel mehr. Und so würde mich eine Forderung seinerseits nach einer Gehaltserhöhung nicht wundern.

Hundemoral

Der Dackel namens Cäsar
nahm Duft von Tine wahr.
Der Dackel namens Cäsar
darauf hin verschwunden war.

Der Cäsar jetzt nun dackelt
und mit der Rute wackelt,
der Cäsar jetzt nun dackelt,
bei Tine nicht lang fackelt.

Die Tine und der Cäsar
sind kurze Zeit ein Hundepaar.
Die Tine ohne Cäsar
drei Hundewelpen gebar.

Der Dackel namens Cäsar
nimmt Duft von Kessi wahr...

Leichtsinn

Schwarzrotgepunkteter sauerkirschkerngroßer
Marienkäfer
sitzt auf grasegrüner schilfrohrlanger
Osterglockenblattspitze
und sonnt sich.

Plötzlich kommt mitternachtsschwarze
harmloswirkende Amsel und pickt ihn mit
weithinleuchtendem zitronengelbfarbenen
Schnabel auf....

...In der sich durchdiewolkenkämpfenden
verführerisch wärmenden Frühlingssonne
sitzen viele indenbanngezogene Marienkäfer.

Leichtsinnig!

Yvonne Bauer

 Yvonne Bauer wurde 1972 in Mühlhausen geboren. Dort ist sie auch zur Schule gegangen und aufgewachsen. Nach dem Abitur hat sie eine Ausbildung zur Fremdsprachensekretärin absolviert und einige Jahre in diesem Beruf gearbeitet. Zehn Jahre später verwirklichte sie ihren Traum und begann ein Medizinstudium, das sie sechs Jahre später erfolgreich abschloss. Seitdem arbeitet sie als Ärztin. Bereits als Kind hat Yvonne Bauer mit selbstgemalten Bildern Geschichten erzählt. Mit dem Schreiben- und Lesenlernen kamen dann Texte hinzu. Parallel dazu verschlang sie einen Roman nach dem Anderen, wobei sie schon immer eine besondere Vorliebe für historische Romane hegte.

Vor etwas mehr als vier Jahren hat die Autorin dann mit den Recherchen für ihren Roman Antoniusfeuer begonnen. Der Roman ist ihr Debüt und der Auftakt für eine Trilogie. Auch die Fortsetzung mit dem Titel Marienglut ist bereits erschienen. Seit dem Herbst 2015 ist sie Mitglied im Mühlhäuser Autorenkreis.

Bisherige Veröffentlichungen:

Antoniusfeuer - Historischer Mühlhausen- Roman, ISBN 978-3-7347-8198-8, Januar 2014

Ebola, Kurzgeschichte, ISBN 978-3-7347-8026-4, Oktober 2014

Die Kainsprung-Hexe, Kurzgeschichte, ISBN 978-3-7347-7560-4, Oktober 2014

Die Mühlhäuser Batseba, Kurzgeschichte, ISBN: 978-3-7386-3405-1, August 2015

Marienglut - Historischer Mühlhausen-Roman - Band 2 - , ISBN 978-3-7412-4210-6, Juli 2016

Nr. 983, Historischer Roman, ISBN 978-3-7448-3486-5, Juli 2017

Durch Dick und Dünn

Schönheit im Auge des Betrachters liegt,
drum ist es egal, wie viel man wiegt?
Ist es der Weisheit letzter Schluss,
dass Frau heute weniger wiegen muss?

Ich sage mir tagaus, tagein,
Das kann doch nicht so schwierig sein!
Ich esse einfach nicht mehr viel,
dann komme ich gewiss ans Ziel.

Es braucht nur ein wenig Motivation,
dann klappt das mit dem Abspecken schon.
Ein Blick auf die Waage fürs Startgewicht,
allein jedoch schon Bände spricht.

So viele Pfunde müssen runter?
Das wird schon, sage ich mir munter.
Beim Einkaufen geh` ich Gesundes suchen
und nicht mehr Schokolade und Kuchen.

Wochenlang wird sich herumgequält
und jeden Tag Kalorien gezählt.
Die Laune sinkt von Stunde zu Stunde,
doch Hauptsache ist, es purzeln die Pfunde.

Am Tag der Wahrheit – die große Frage,
bringt Frau jetzt weniger auf die Waage?
Nervös geht der Blick zu dem Gerät,

das einsam in der Ecke steht.

Hundert Gramm weniger, das ist doch ein Witz!
Die Erkenntnis trifft mich wie der Blitz.
Wozu war das nun alles gut?
Am Ende packt mich fast die Wut.

Dann kommen mir die Worte meines Mannes in den
Sinn,
der mich genauso liebt, wie ich bin.
So lautet der Weisheit allerletzter Schluss,
dass schön nicht gleichzeitig dünn heißen muss.

Gequält

Eiskalte Hand greift nach meinem Herzen,
mir jeden Atem raubt.
Dass Liebe könnte jemals so schmerzen,
nie hätte ich das geglaubt.

Dein Blick ist starr, erfüllt von Hass,
du siehst mich nicht mehr an.
Mein Antlitz im Spiegel – verhärmt und blass,
wie lang ich das noch ertragen kann?

Mein stummes Flehen stößt auf taube Ohren,
warum quälst du mich immerfort?
Ich wünschte, ich wäre niemals geboren,
tot, an einem anderen Ort.

Wo ist all die Liebe hin,
die wir uns einst geschworen?
Was macht das Leben für einen Sinn,
wenn uns die Herzen sind erfroren?

November im Lebenskalender

Erinnerung an Drachensteigen,
heißen Tee und Kerzenschein –
an kurzen herbstlichen Tagen.
Verblassen zu Stille und Schweigen,
leisem Abschied vom Menschsein –
nicht beantwortete Fragen.

Nebel verschleiert die Gedanken,
in kalter Novembernacht –
die Seele schreit, der Geist zerfällt.
Wie Blätter von dürren Ranken.
Verzweifelte Ohnmacht –
hilfloses Ende einer Welt.

Reflexionen zu Krankheit – Leid – Tod

Das Leid hat ein Ende –
oder nicht?
Ein Blick spricht Bände –
des Angehörigen Gesicht.
Tränen prallen auf eine professionelle Mauer,
ist im Herzen des Arztes Platz für Trauer?
Verstand oder Emotion?
Hirn oder Herz?
Lindert am Ende beides den Schmerz?

Sinnkrise

Lebst Du Dein Leben oder umgekehrt?
Fragst Du Dich öfter: »Ist es das wert?«
Wer gibt die Antwort, wenn nicht Du selbst?
Weil Du Dein Leben in den Händen hältst?

Manchmal ist es schwerer als an anderen Tagen.
Quälst Dich mit Selbstzweifel und tiefsinnigen Fragen.
Kommst nicht aus dem Bett und fühlst Dich leer.
Dein Körper schmerzt, jede Bewegung fällt schwer.

Findest keine Lösung für Deine Sorgen.
Hast keinen Plan B, verschiebst alles auf Morgen.
Das Leben kann echt ein Arschloch sein!
Morgen steh´ ich auf und hau´ ihm eine rein!

Auszug aus dem Roman Nr. 983

... Die warmen Strahlen der Spätsommersonne schienen neue Lebensgeister in Luise geweckt zu haben. Sie fühlte sich frisch und ausgeruht. Gut gelaunt und von Vorfreude auf das bevorstehende Wochenende erfüllt, sortierte sie die zuletzt getippte Korrespondenz in die Mappe und klopfte an die Tür des Anstaltsleiters. Nachdem sie hereingebeten wurde, betrat sie das Büro, legte ihm die Unterschriftenmappe auf den Schreibtisch und wartete auf Anweisungen.

»Ist der Brief für Doktor Krüger fertig?«

Luise blätterte in der Mappe und schlug die Seite auf, in die sie das Schreiben für den Obermedizinalrat und Klinikdirektor der Anstalt Altscherbitz einsortiert hatte. »Hier bitte!« Sie beobachtete ihren Chef dabei, wie er das Schriftstück las und überlegte, ob sie ihm von dem Besucher am Vormittag erzählen oder einfach darauf vertrauen sollte, dass er die Notiz in den Unterlagen fand, als er aufsah und sie fragte, ob es sonst noch etwas gab. »Da sie fragen, Herr Direktor. Am Vormittag war der Sohn einer verstorbenen Patientin hier und brachte das Verschwinden ihres Eigentums zur Anzeige. Die Beschreibung des Ringes finden sie in der Mappe.«

Hellhörig geworden sah er auf. »Ein Ring?«

»Ja, Herr Direktor.«

Der Mann schnaubte kurz. »Suchen sie mir die Krankenakte der Frau heraus.«

Lächelnd blätterte Luise erneut in der Mappe und

brachte triumphierend die gewünschte Akte zum Vorschein. Sie hatte sich bereits am Vormittag nach ihrer Unpässlichkeit in dem verstaubten Archiv auf die Suche nach den Dokumenten gemacht. »Schon geschehen.« Es erfüllte sie mit einem gewissen Stolz, dass Doktor Schroth mit seinem sonst verkniffenen Mund die Andeutung eines Lächelns zustande brachte.

Der Mann blätterte in den Unterlagen, bis er auf das gestoßen war, was er scheinbar gesucht hatte. Er nahm das Papier heraus und schloss die Akte wieder.

Auf dem Aktendeckel konnte Luise ein großgeschriebenes »Z«, gefolgt von einer sechsstelligen Nummer erkennen. Sie beobachtete ihren Vorgesetzten dabei, wie er das herausgenommene Dokument vor sich auf den Tisch legte und kurz überlegte, bevor er sie erneut ansprach.

»Frau Schramm, würden sie mir verraten, welcher Partei sie angehören?«

Sie war verwundert über diese Frage, dennoch antwortete sie gehorsam. »Natürlich der Nationalsozialistischen Partei, Herr Direktor, ebenso wie mein Mann und meine Eltern.«

Die Antwort schien den Klinikdirektor zufrieden zu stellen, denn er forderte sie zum Platznehmen auf. Er überlegte kurz, bevor er fortfuhr. »Haben sie schon einmal von Imbezillität gehört?«

Luise schüttelte den Kopf, während Doktor Schroth ein weises Nette-Onkel-Lächeln aufsetzte.

»Nun, dann lassen sie es mich erklären. Ein imbeziller ...« Er zögerte einen Moment, bevor er das nächste

Wort aussprach. »... Mensch ist ein geistig Toter, der mit einer Missbildung des Gehirns geboren wurde. Einige waren auch allem Anschein nach normal auf die Welt gekommen, entwickelten sich aber nicht so, wie es von der Natur vorbestimmt war. Sie gleichen dahinvegetierenden Fleischklumpen, deren einzige Aufgabe darin besteht, zu Essen, zu Trinken, zu Schlafen und ihre Notdurft zu verrichten. Aber auch die tierische Brunst tritt hin und wieder zutage. Nun stellen sie sich einmal vor, diese Idioten würden sich vermehren!«

Luise war erschüttert. »Nicht auszudenken, Herr Direktor.«

Diese Reaktion hatte er anscheinend erwartet. »Genau, Frau Schramm. Der Ansicht, dass dies auf keinen Fall geschehen darf, ist man in wissenschaftlichen Kreisen schon lange. Deswegen haben sich hochkarätige Politiker, Geistliche und Ärzte schon seit Jahren mit dem Thema beschäftigt. Sie sehen die Zunahme der Verblödeten als eine Warnung Gottes. Nicht zuletzt ist man der Meinung, dass auch die Volkslaster, wie zum Beispiel Alkoholismus, sexuelle Verirrungen und neuerdings die Zigarettenseuche dazu führen, dass immer mehr Anormale geboren werden. Dies gilt es im Keim zu ersticken!« Bei den letzten, eindringlichen Worten wurde Doktor Schroth immer lauter. Sein Gesicht nahm eine ungesunde rote Farbe an.

Das konnte Luise aber gut verstehen. Sie fühlte sich von der Aussage des Mannes so mitgerissen, dass es sie kaum auf ihrem Platz hielt. Dies schien der Direktor zu bemerken, denn er quittierte ihre Reaktion mit einem breiten Lächeln.

»Wie ich sehe, teilen sie meine Ansicht.«

Die junge Frau nickte aufgeregt.

»Gut! Sie wissen, dass alles, was in diesen Räumen besprochen wird, strengster Geheimhaltung unterliegt?« Als sie nickte, fuhr er fort. »Ich weiß, dass einige Gerüchte in Mühlhausen kursieren, was das Vorgehen in unserer Klinik betrifft.

»Mir ist noch keines zu Ohren gekommen.«

»Das ist auch nicht von Bedeutung. Wichtig ist, dass wir hier im Auftrag des Führers handeln. Dessen sind sie sich doch gewiss bewusst?«

»Selbstverständlich.« Luise bekam einen trockenen Mund. Es kam ihr so vor, als würde sie einer Prüfung unterzogen.

»Zu den Aufgaben der Klinik und ihrer Mitarbeiter gehört es, all die Missgeburten, erblich Schwachsinnigen und geistig Toten zu selektieren, Menschen, die keinerlei mentalen Rapport mir ihrer Umwelt herstellen können. Ich bezeichne sie gern als Ballastexistenzen. Nun, wie dem auch sei, diese unheilbar Blödsinnigen sind eine Belastung für unsere Gesellschaft. Sie sind von keinerlei Nutzen und kosten Unsummen an Geldern aus dem Nationalvermögen. Das verstehen sie doch?«

Obwohl Luise nicht wusste, worauf der Mann letztlich hinauswollte, nickte sie.

Doktor Schroth öffnete die oberste Schublade seines Schreibtisches und zog eine Schnur heraus, an der ein Schlüsselbund hing. Dann erhob er sich und durchquerte das Zimmer. Vor einem Aktenschrank blieb er stehen, suchte nach dem richtigen Schlüssel und entriegelte damit das Schloss. »Würden sie mir bitte die Nummer auf dem Aktendeckel vorlesen, Frau Schramm?«

Luise drehte die Akte zu sich herum. »Z 050492.«

»In Ordnung, kommen sie zu mir!«

Die Sekretärin folgte der Aufforderung.

»Sehen sie die Aktenreiter? Die Papiere hier sind nach den Nummern auf den Krankenakten sortiert. Das betrifft aber lediglich jene, die mit einem »Z« markiert sind. Sie sollten in der Lage sein, auf Wunsch eine dieser Akten herauszusuchen, um sie mir oder einem der gutachterlich tätigen ärztlichen Kollegen, die ich ihnen noch benennen werde, vorzulegen. Haben sie das soweit verstanden?«

»Natürlich, Herr Direktor!« Die innere Aufgeregtheit, die Luise erfasste, war unbeschreiblich. Geheime Akten und sie hatte Zugang zu ihnen.

»Die Unterlagen unterliegen einer weiteren Sortierung. Im obersten Schubfach finden sie die Dokumente von verstorbenen Patienten. Im mittleren Schub bewahren wir die Akten lebender, hier untergebrachter unheilbar Kranker auf und im untersten Fach sind die Unterlagen derer einsortiert, deren Gesundheitszustand derzeit noch von Gutachtern der Zentralstelle geprüft werden müssen. Außerdem gibt es diesen Schrank, der den jüdischen Gesellschaftsschädlingen vorbehalten ist.«

Luise folgte dem Blick des Anstaltsleiters, während er ihr erklärte, welcher Schlüssel für welches Fach vorgesehen ist.

»Das wäre im Großen und Ganzen alles. Haben sie hierzu noch irgendwelchen Klärungsbedarf?«

Die junge Frau, die sämtliche Informationen in ihrem Hirn sortieren musste, schüttelte zunächst den Kopf, hielt jedoch schlagartig inne, als ihr doch eine Frage in den Sinn kam. »Die Namen der Gutachter, Herr Direktor. Sie wollten ...«

»Ja, ja, ja ... Lassen sie mich nur ...« Er hielt auf den riesigen Schreibtisch zu, griff nach Papier und Stift und kritzelte rasch die Namen der Männer darauf, während er sie gleichzeitig vor sich hinmurmelte. »Heide, Nitsche, Linden ... das sind die Obergutachter, mit denen sie eigentlich nichts zu tun haben sollten, dann wären da noch Doktor Heinze, der Direktor der Landesanstalt Görden in Brandenburg ... Doktor Steinmeyer, Doktor Mennecke und Doktor Hebold, alle drei gute Männer und Spezialisten auf ihrem Gebiet und seit neuestem auch Doktor Wischer. Das sollten sie im Großen und Ganzen gewesen sein, wenn noch Namen hinzukommen, würde ich sie darüber informieren.«

Luise nahm den Zettel entgegen.

»Ich werde in nächster Zeit sehr viel auf Reisen sein. Dann muss ich mich auf sie verlassen können. Sie sind nun Teil von etwas unvorstellbar Großem, im Dienst unseres Vaterlandes, meine liebe Frau Schramm. Nicht jedem wird die Ehre zuteil, an einer Aufgabe mitzuwirken, die von solch entscheidender Bedeutung für die Volksgesundheit ist. All die Defektmenschen, diese Parasiten, die dem Staat das Blut aussaugen, die störenden Naturkeime gehören ausgemerzt. Es obliegt unserer Fürsorge, der Verschlechterung des Erbgutes unseres Volkes vorzubeugen und den Bodensatz, das Lumpenproletariat in unserem Land zu vernichten!«

Diese Worte verfehlten ihre Wirkung bei Luise nicht. Sie wurde von einer Woge des Glücks und der tiefen Zufriedenheit erfasst, weil sie für diese besondere Aufgabe ausgewählt wurde. »Vielen Dank, Herr Doktor Schroth. Ich fühle mich geehrt, dass sie mir ihr Vertrauen schenken und mich mit dieser wichtigen Funktion betrauen.«

»Nun, als meine Sekretärin genießen sei mein besonderes Vertrauen. Sie sind so etwas wie meine rechte Hand. Ich bin mir sicher, dass sie ihre Aufgabe genauso gewissenhaft erfüllen, wie all die anderen bisher. Nun lassen sie uns die Akte der Verstorbenen heraussuchen, damit wir die leidige Angelegenheit mit dem vermissten Ring aus der Welt schaffen können.«

...

Klappentext

Einer langjährigen Tradition folgend ist es den Mitgliedern des Mühlhäuser Autorenkreises, unter der Trägerschaft des Mühlhäuser Kulturbundes e.v., eine große Freude, ihre diesjährige Anthologie zu präsentieren.
Lassen Sie sich in die Gedankenwelt der Autoren verführen und genießen Sie einige schöne Stunden mit diesem Buch.

Elisabeth Weber
Ronny Thon
Katharina Sommer-Brommer
Anneliese Ludwig
Heinz Knaust
Tino Käsemann
Heinz-Georg Günther
Elke Felke
Christiane Erdmann
Yvonne Bauer